本書の特色と使い方

教科書の内容を各児童の学習進度にあわせて使用できます

教科書の内容に沿って作成していますので，各学年で学習する単元や内容を身につけることができます。

学年や学校の学習進度に関係なく，各児童の学習進度にあわせてご使用ください。

基本的な内容をゆっくりていねいに学べます

算数が苦手な児童でも，無理なく，最後までやりとげられるよう，問題数を少なくしています。

また，児童が自分で問題を解いていくときの支援になるよう，問題を解くヒントや見本をのせています。

うすい文字は，なぞって練習してください。

問題数が多い場合は，1シートの半分ずつを使用するなど，各児童にあわせてご使用ください。

本書をコピー・印刷してくりかえし練習できます

学校の先生方は，学校でコピーや印刷をして使えます。

各児童にあわせて，必要な個所は，拡大コピーするなどしてご使用ください。

「解答例」を参考に指導することができます

本書 p90 ～「解答例」を掲載しております。まず，指導される方が問題を解き，本書の解答例も参考に解答を作成してください。

児童の多様な解き方や考え方に沿って答え合わせをお願いいたします。

目　　次

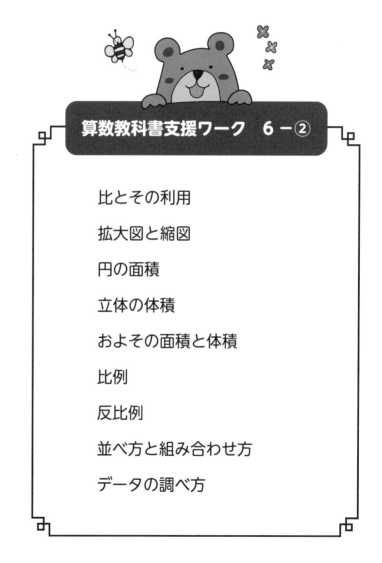

算数教科書支援ワーク　6−②

比とその利用

拡大図と縮図

円の面積

立体の体積

およその面積と体積

比例

反比例

並べ方と組み合わせ方

データの調べ方

		名 前
月	日	

● 下の図で，点線で2つに折ると，ぴったり重なる図形に○をしましょう。

㋐ （　　　）

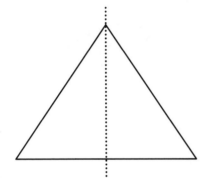

㋑ （　　　）

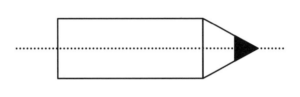

㋒ （　　　）

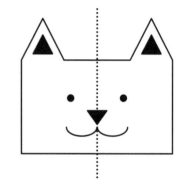

㋓ （　　　）

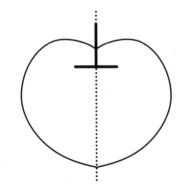

㋔ （　　　）

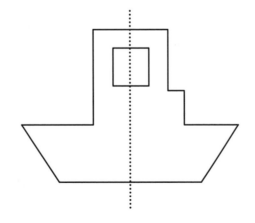

ぼくの顔はどうかな。

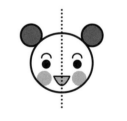

4

線対称な図形 (2)

● 下の図形について答えましょう。

図形をうすい紙などにうつし取って調べてみよう。

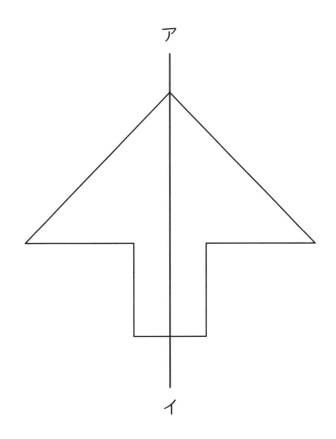

① 直線アイを折り目にして2つ折りにしたとき，両側がぴったり重なりますか。

(重なる ・ 重ならない)

どちらかに○をしよう

② □にあてはまることばを書きましょう。

左の図形のように，1本の直線アイを折り目にして折ったとき，折り目の両側がぴったり重なる図形を

線対称 な図形といいます。

また，その折り目にした直線アイを

対称の軸 といいます。

5

名前

月　日

● 下の図は，直線アイを対称の軸とする線対称な図形です。

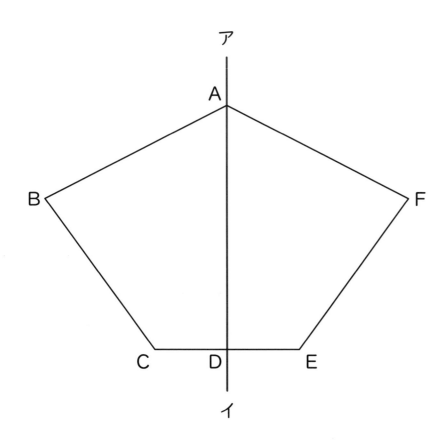

① 対称の軸アイで折ったとき，点Bと重なる点はどれですか。

点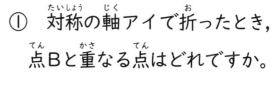

② 対称の軸アイで折ったとき，点Eと重なる点はどれですか。

点

図形をうすい紙などにうつし取って調べてみよう。

線対称な図形を対称の軸で折ったとき，重なり合う点を 対応する点 といいます。

線対称な図形 (4)

● 下の図は，直線アイを対称の軸とする線対称な図形です。

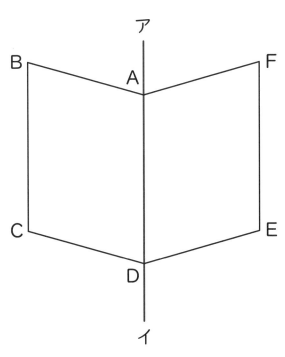

① 対称の軸アイで折ったとき，次の角と重なる角はどれですか。

・角C　　角 [　　　]

・角F　　角 [　　　]

② 対称の軸アイで折ったとき，次の辺と重なる辺はどれですか。

・辺AB　　辺 [　　　]

・辺CD　　辺 [　　　]

・辺FE　　辺 [　　　]

線対称な図形を対称の軸で折ったとき，重なり合う角を 対応する角，重なり合う辺を 対応する辺 といいます。

		名前
月	日	

● 下の図は，直線アイを対称の軸とする線対称な図形です。
対応する点，対応する辺，対応する角をそれぞれ書きましょう。

2つ折りにしたとき，重なり合う点，辺，角はどれかな。

① 対応する点

・点B　点 [　　　]　　・点D　点 [　　　]

・点G　点 [　　　]

② 対応する辺

・辺BC　辺 [　　　]　　・辺DE　辺 [　　　]

・辺GF　辺 [　　　]

③ 対応する角

・角C　角 [　　　]　　・角H　角 [　　　]

名 前

月　日

● 下の図は，直線アイを対称の軸とする線対称な図形です。
対応する辺の長さや，対応する角の大きさをはかって調べましょう。

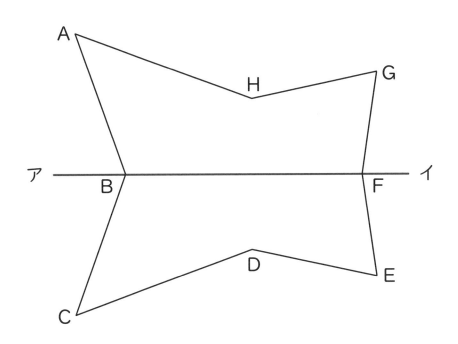

① 対応する 辺AB と 辺CB の長さは 何cm ですか。

・辺 AB ☐ cm　・辺CB ☐ cm

② 対応する 辺DE と 辺HG の長さは 何cm ですか。

・辺DE ☐ cm　・辺HG ☐ cm

③ 対応する 角A と 角C の角度は 何度ですか。

・角A ☐ °　・角C ☐ °

④ 対応する 角E と 角G の角度は何度ですか。

・角E ☐ °　・角G ☐ °

9

線対称な図形 (7)

		名 前
月	日	

● 下の図は，直線アイを対称の軸とする線対称な図形です。

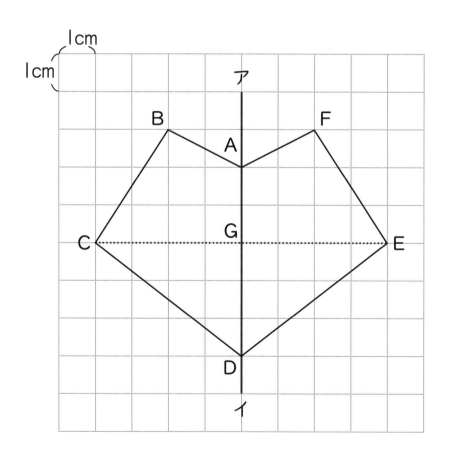

① 点Cと対応する点Eを直線で結びましょう。

② 直線CEと対称の軸アイとは，
どのように交わっていますか。

　　　　　　　　　　　　に交わっている

③ 直線CGと直線EGの長さは何cmですか。

・直線CG [　　　] cm

・直線EG [　　　] cm

対応する点Bと点Fも直線で結び，
対称の軸までの長さを比べてみよう。

名前

月　　日

● 下の線対称な図形について答えましょう。

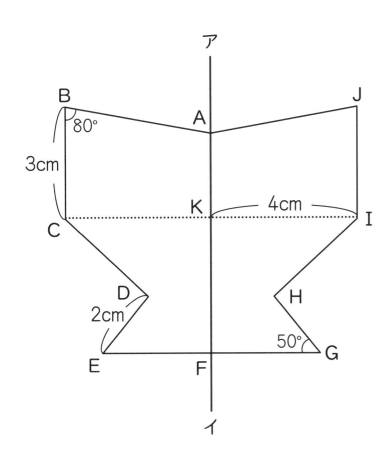

① 辺の長さを答えましょう。

・辺JI　　　　　　cm

・辺HG　　　　　　cm

② 角の大きさを答えましょう。

・角E　　　　　　°

・角J　　　　　　°

③ 直線CKは何cmですか。

　　　　　　cm

線対称な図形では，対応する辺の長さや対応する角の大きさは等しかったね。

● 下の2つの図形は線対称な図形です。対称の軸をひきましょう。

①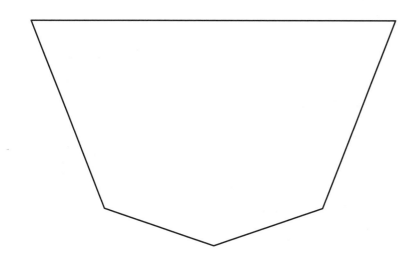

②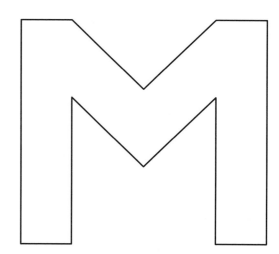

 どこを折り目として2つに折ったらぴったり重なるかな。

12

線対称な図形 (10)

● 下の図は，直線アイを対称の軸とする線対称な図形です。

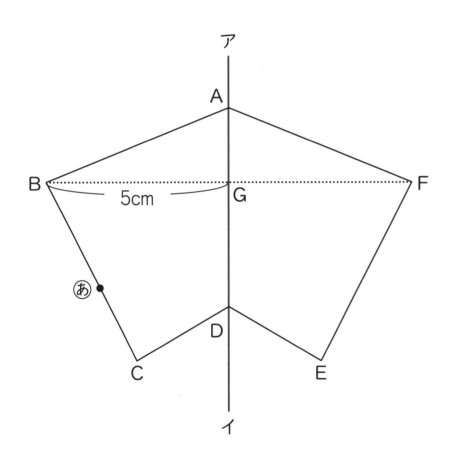

① 対称の軸アイと直線BFはどのように交わっていますか。

　に交わっている

② 直線FGは何cmですか。

cm

③ 点 ⓐ に対応する点 ⓘ をかき入れましょう。

 対称の軸アイと垂直に交わるように
点 ⓐ から直線をひこう。

線対称な図形 (11)

● 直線アイが対称の軸になるように，線対称な図形をかきましょう。

①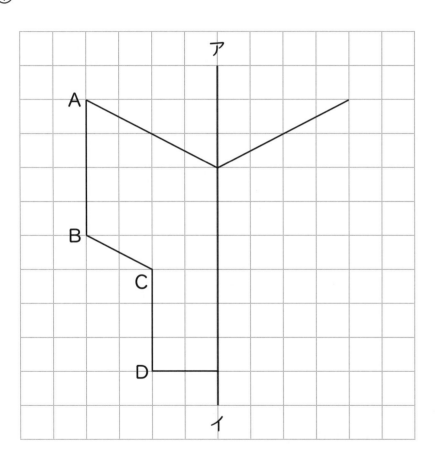

②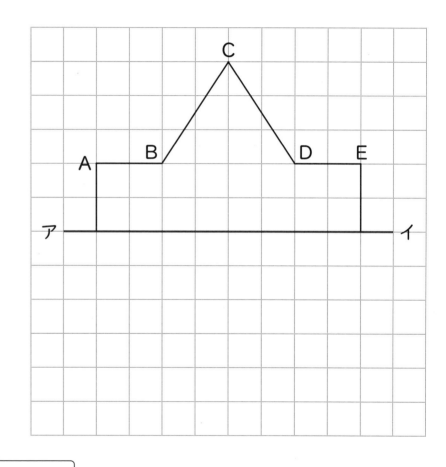

 点Aに対応する点，点Bに対応する点，… と順に点をうって線でつなげよう。

		名 前
月	日	

● 直線アイが対称の軸になるように，線対称な図形をかきましょう。

①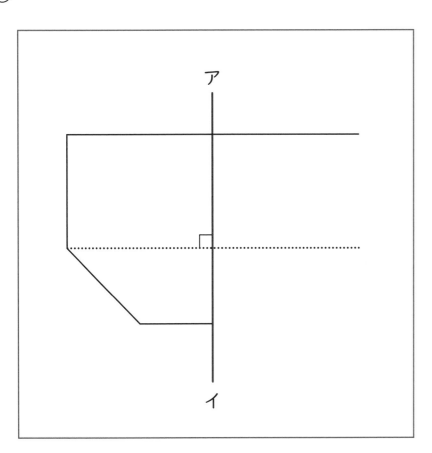

②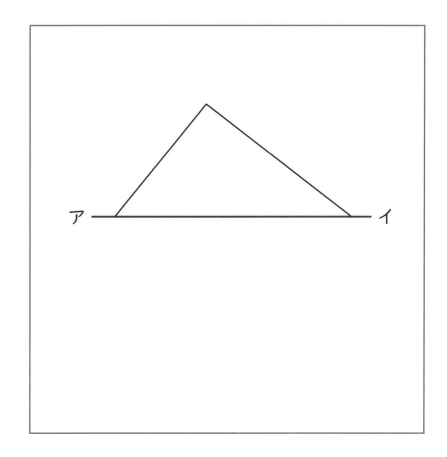

 対応する2つの点を結ぶ直線は，対称の軸と垂直に交わるね。
対称の軸から対応する2つの点までの長さは等しいよ。

点対称な図形 (1)

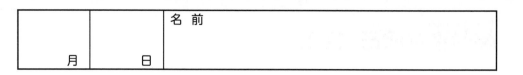

		名 前
月	日	

● 下の図で，「・」の点を中心にして 180°回転すると，もとの図にぴったり重なる図形に〇をしましょう。

⑦ （　　　）　　　　　　⑦ （　　　）　　　　　　⑦ （　　　）

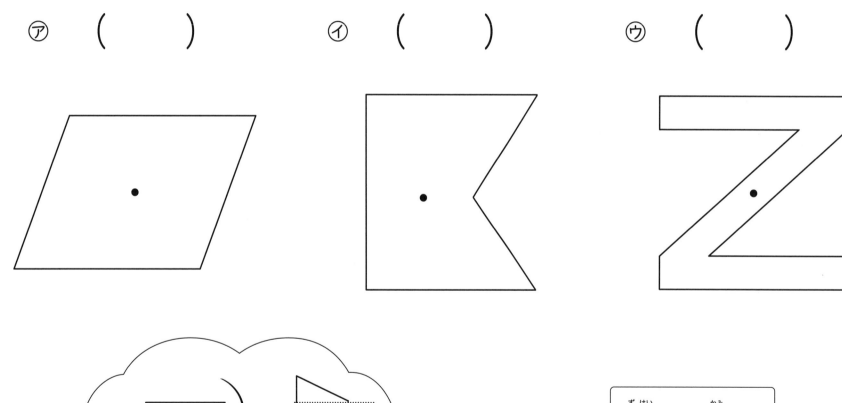

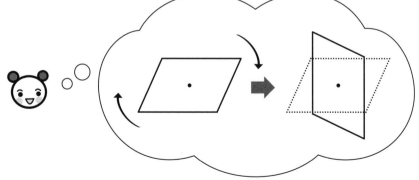

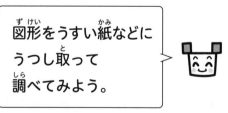

図形をうすい紙などに
うつし取って
調べてみよう。

16

点対称な図形 (2)

● 下の図形について答えましょう。

図形をうすい紙などにうつし取って調べてみよう。

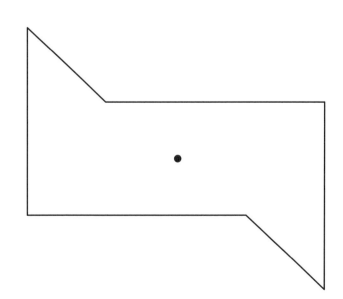

① 「・」の点を中心にして 180°回転させたとき，もとの図形にぴったり重なりますか。

（ 重なる ・ 重ならない ）

どちらかに○をしよう

② □にあてはまることばを書きましょう。

左の図形のように，1つの点を中心にして 180°回転させたとき，もとの形とぴったり重なる図形を

点対称 な図形といいます。

また，この点を 対称の中心 といいます。

17

点対称な図形 (3)

● 下の図は，点Oを対称の中心とした点対称な図形です。

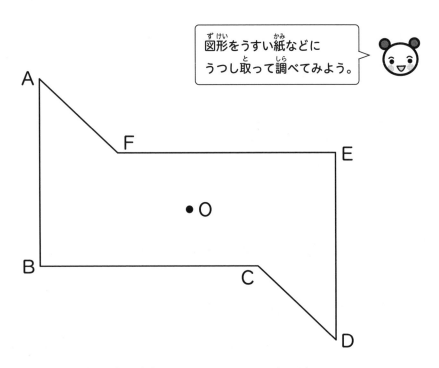

図形をうすい紙などに
うつし取って調べてみよう。

① 点Oを対称の中心として 180°回転させたとき，
次の点と重なる点はどれですか。

・点A　　点 ⬚

・点B　　点 ⬚

② 点Oを対称の中心として 180°回転させたとき，
次の辺と重なる辺はどれですか。

・辺AB　　辺 ⬚

・辺BC　　辺 ⬚

・辺CD　　辺 ⬚

点対称な図形を，対称の中心Oで180°回転させたとき，もとの図形とぴったり重なる点，辺，角をそれぞれ 対応する点，対応する辺，対応する角 といいます。

名前

月　日

● 下の図は，点Oを対称の中心とした点対称な図形です。

対応する点，対応する辺，対応する角をそれぞれ書きましょう。

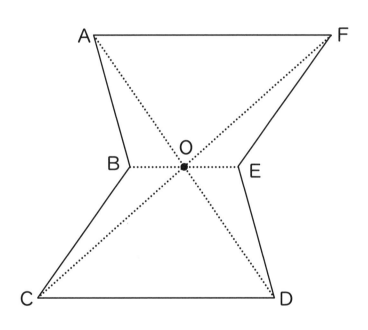

① 対応する点

・点A　点 ☐　　・点C　点 ☐

② 対応する辺

・辺BC　辺 ☐　　・辺CD　辺 ☐

・辺DE　辺 ☐

③ 対応する角

・角B　角 ☐　　・角D　角 ☐

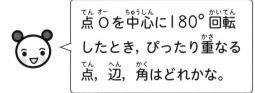

点Oを中心に180°回転したとき，ぴったり重なる点，辺，角はどれかな。

点対称な図形 (5)

● 下の点対称な図形について調べましょう。

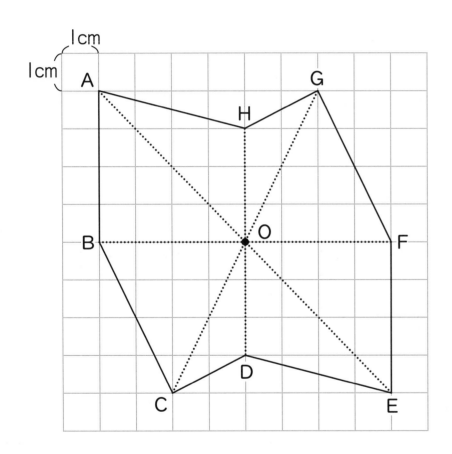

① 対応する2つの点をそれぞれ結びましょう。

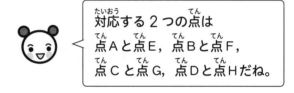

対応する2つの点は
点Aと点E，点Bと点F，
点Cと点G，点Dと点Hだね。

② 対応する2つの点を結んだ直線は

どこで交わりますか。

で交わる

③ 直線BOと直線FOは何cmですか。

・直線BO | | cm

・直線FO | | cm

④ 直線DOと直線HOの長さは等しいですか。

20

		名 前
月	日	

● 下の点対称な図形について答えましょう。

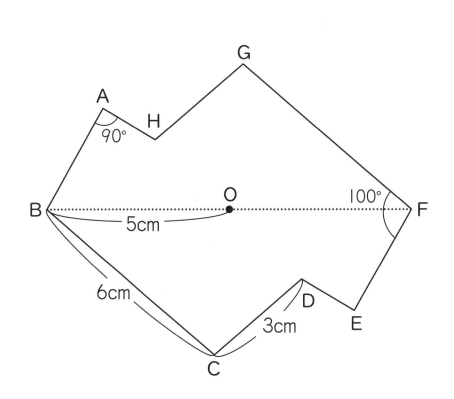

① 辺FG の長さは何cm ですか。

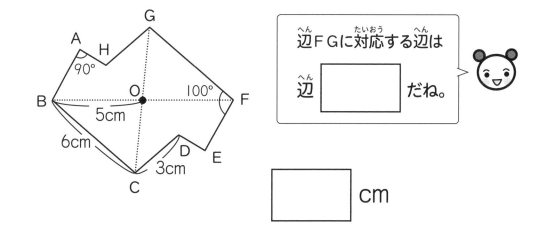

辺FGに対応する辺は
辺 [　　] だね。

[　　] cm

② 角B は何度ですか。

[　　] °

③ 直線 FO は何cm ですか。

[　　] cm

		名前
月	日	

● 下の図は，点対称な図形です。

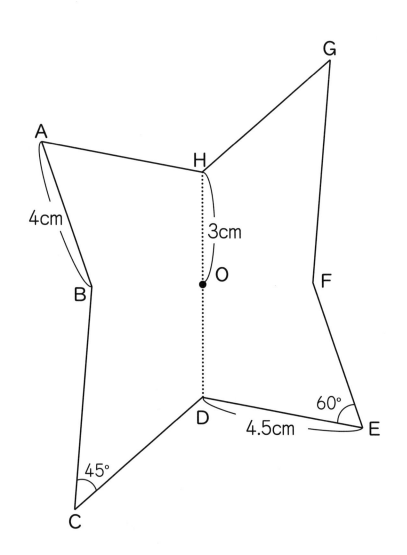

まず，対応する点，辺，角をたしかめよう。

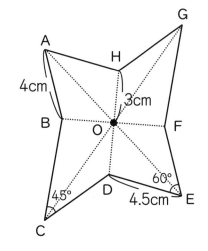

① 辺EFの長さは何cmですか。

cm

② 角Gは何度ですか。

°

③ 直線DOは何cmですか。

cm

④ 対称の中心Oを通る直線HDで切ってできる
2つの図形は合同ですか。

		名前
月	日	

● 下の2つの図形は点対称な図形です。対称の中心 O をかき入れましょう。

対応する2つの点を直線で結び,
対称の中心を見つけよう。

①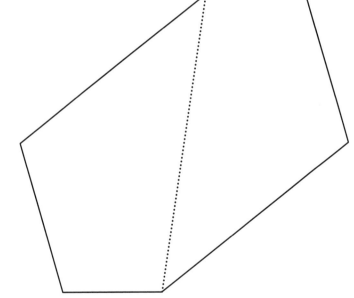

②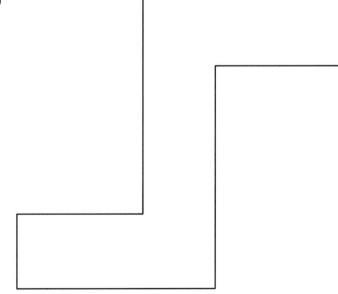

点対称な図形 (9)

		名 前
月	日	

● 下の平行四辺形は，点対称な図形です。

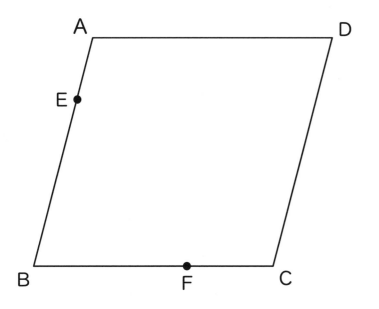

① 左の図に対称の中心 O をかき入れましょう。

対応する 2 つの点を直線で結び，対称の中心を見つけよう。

② 点 E に対応する点 G を左の図にかき入れましょう。

点 E から対称の中心 O を通る直線をひいてみよう。

③ 点 F に対応する点 H を左の図にかき入れましょう。

点対称な図形 (10)

● 点 O が対称の中心になるように，点対称な図形をかきましょう。

①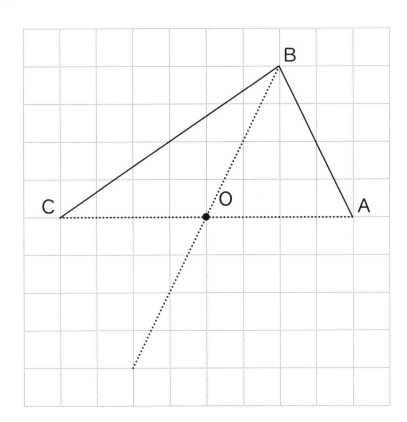

点 A に対応する点は点 C だね。
点 B に対応する点はどこになるかな。

②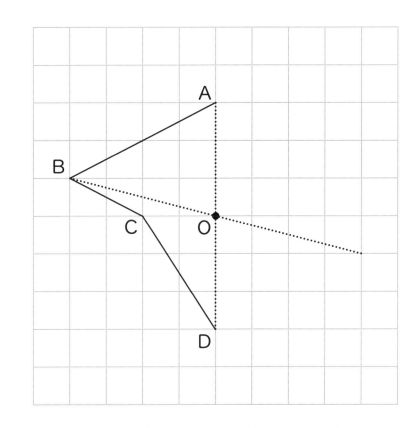

点 A に対応する点は点 D だね。
点 B，点 C に対応する点を順にうって，
線でつなげよう。

名前

月　日

● 点Oが対称の中心になるように，点対称な図形をかきましょう。

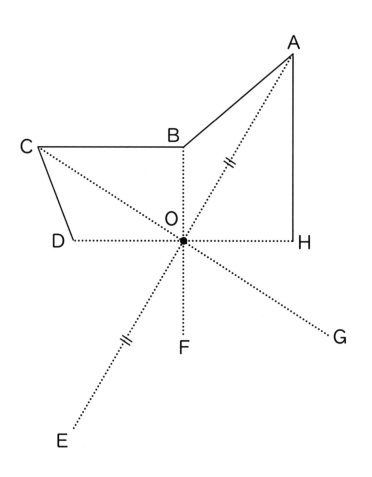

点A，B，C，Dの順にそれぞれ対応する点を見つけていこう。

❶ 点Aから点Oを通る直線をひく。
直線AOと同じ長さのところを点Eとする。

❷ 点Bから点Oを通る直線をひく。
直線BOと同じ長さのところを点Fとする。

❸ 点Cから点Oを通る直線をひく。
直線COと同じ長さのところを点Gとする。

❹ 点Dに対応する点は点Hとなる。

❺ 点D〜Hを順に直線で結ぶ。

点対称な図形 (12)

● 点Oが対称の中心になるように，点対称な図形をかきましょう。

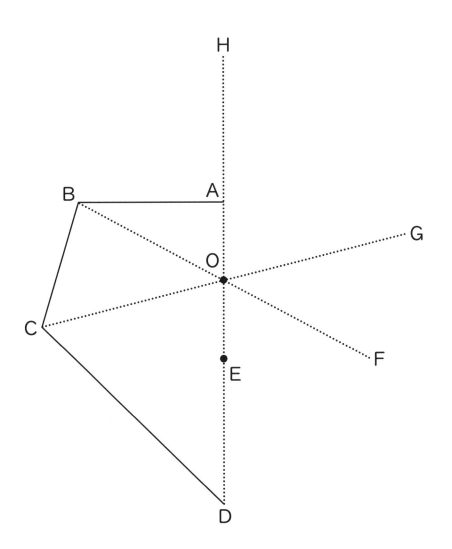

点A，B，C，Dの順にそれぞれ
対応する点を見つけていこう。

---

❶ 点Aから点Oを通る直線をひく。
直線AOと同じ長さのところを点Eとする。

❷ 点Bから点Oを通る直線をひく。
直線BOと同じ長さのところを点Fとする。

❸ 点Cから点Oを通る直線をひく。
直線COと同じ長さのところを点Gとする。

❹ 点Dから点Oを通る直線をひく。
直線DOと同じ長さのところを点Hとする。

❺ 点D～Hを順に直線で結び，点Hと点Aを
直線で結ぶ。

多角形と対称 (1)

● 下の四角形は，線対称な図形ですか。線対称であれば，対称の軸をすべてかき入れましょう。

正方形

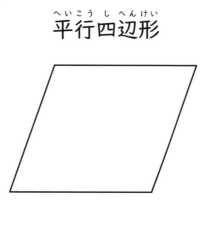

(線対称である ・ 線対称でない)

どちらかに○をしよう

平行四辺形

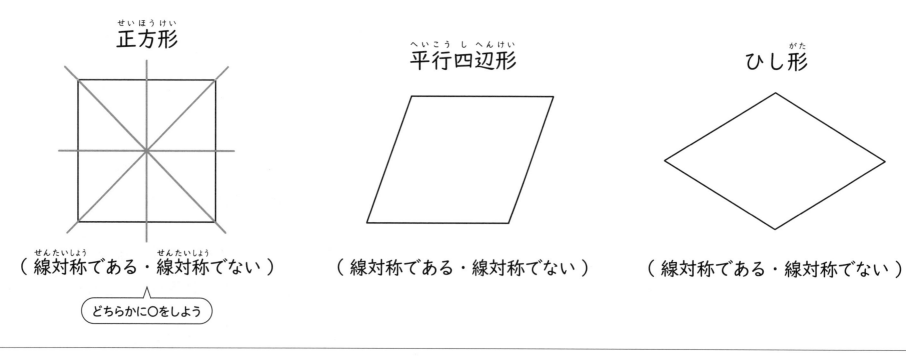

(線対称である ・ 線対称でない)

ひし形

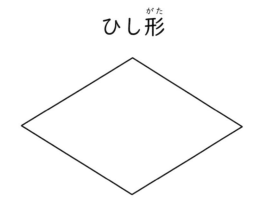

(線対称である ・ 線対称でない)

長方形

(線対称である ・ 線対称でない)

台形

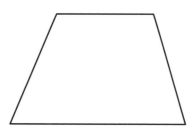

(線対称である ・ 線対称でない)

正方形は，対称の軸が4本だね。

28

多角形と対称 (2)

		名 前
月	日	

● 下の四角形は, 点対称な図形ですか。点対称であれば, 対称の中心をかき入れましょう。

正方形

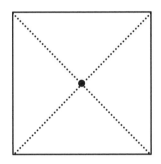

（ 点対称である ・ 点対称でない ）

どちらかに〇をしよう

平行四辺形

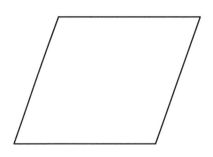

（ 点対称である ・ 点対称でない ）

ひし形

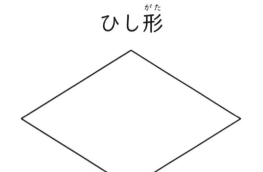

（ 点対称である ・ 点対称でない ）

長方形

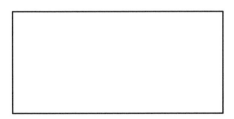

（ 点対称である ・ 点対称でない ）

台形

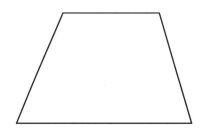

（ 点対称である ・ 点対称でない ）

29

多角形と対称 (3)

● 下の三角形について，線対称な図形か点対称な図形かを調べて，○をしましょう。

① 線対称であれば，対称の軸をすべてかき入れましょう。

② 点対称であれば，対称の中心をかき入れましょう。

三角形を180°回転させると…。

正三角形

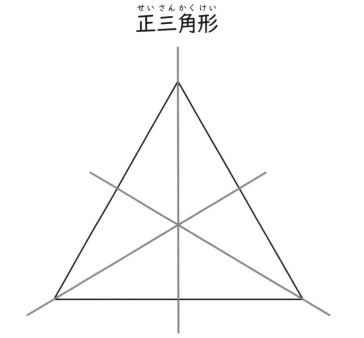

二等辺三角形

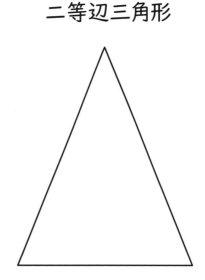

直角三角形

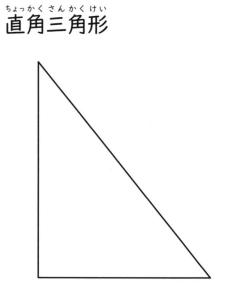

（ 線対称である ・ 線対称でない ）　　　（ 線対称である ・ 線対称でない ）　　　（ 線対称である ・ 線対称でない ）

（ 点対称である ・ 点対称でない ）　　　（ 点対称である ・ 点対称でない ）　　　（ 点対称である ・ 点対称でない ）

多角形と対称 (4)

● 下の正多角形について，線対称な図形か点対称な図形かを調べて，○をしましょう。

① 線対称であれば，対称の軸をすべてかき入れましょう。

② 点対称であれば，対称の中心をかき入れましょう。

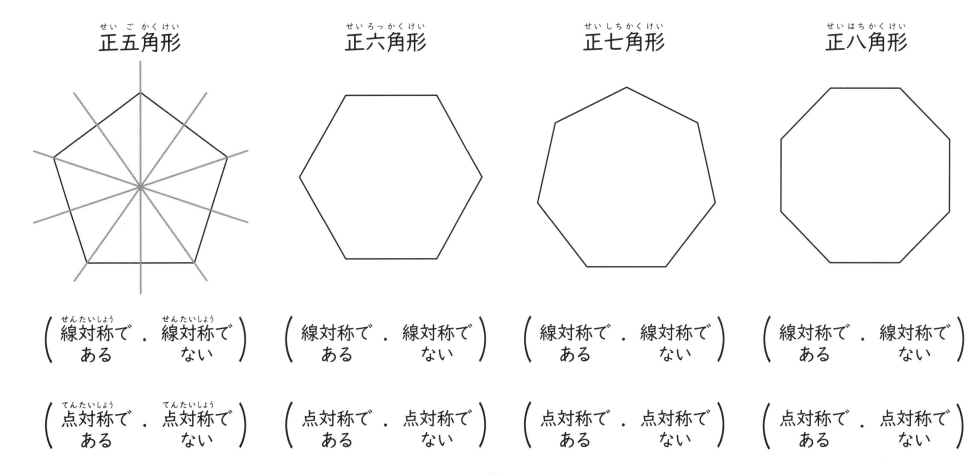

正五角形

正六角形

正七角形

正八角形

(線対称で . 線対称で)
　 ある 　 ない

(線対称で . 線対称で)
　 ある 　 ない

(線対称で . 線対称で)
　 ある 　 ない

(線対称で . 線対称で)
　 ある 　 ない

(点対称で . 点対称で)
　 ある 　 ない

(点対称で . 点対称で)
　 ある 　 ない

(点対称で . 点対称で)
　 ある 　 ない

(点対称で . 点対称で)
　 ある 　 ない

	月	日	名 前

● 円について，次の文が正しければ○を，

まちがっていれば×を書きましょう。

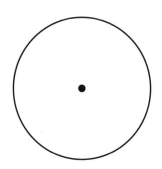

① 円は，線対称な図形です。 （　　）

② 円は，点対称な図形です。 （　　）

③ 対称の軸の数は，無数にあります。 （　　）

● 正多角形と円について，表にまとめましょう。

	線対称 ○×	対称の軸の数	点対称 ○×
正三角形 △	○	3	×
正方形 □			
正五角形 ⬠			
正六角形 ⬡			
正七角形			
正八角形			
円 ○			

文字と式 (1)

<table>
<tr><td></td><td>月</td><td>日</td><td>名前</td></tr>
</table>

● | 本 50 円のえん筆を何本か買ったときの，代金を表す式を考えましょう。

① えん筆の数が | 本，2 本，3 本，… のときの，代金を表す式を書きましょう。

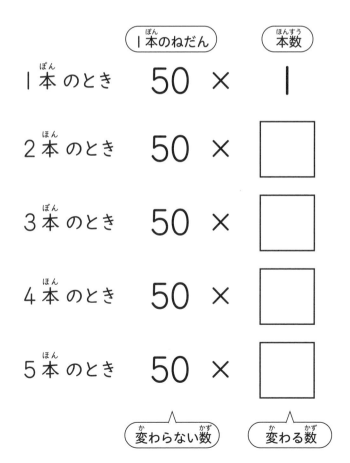

| 本のときの 50 × |

| 本 のとき 50 × |

2 本 のとき 50 × ☐

3 本 のとき 50 × ☐

4 本 のとき 50 × ☐

5 本 のとき 50 × ☐

変わらない数　　変わる数

② いろいろと変わる数を x として | つの式にまとめましょう。

$$50 \times \boxed{x}$$

③ えん筆の数が 10 本のときの代金を 50 × x の式を 使って求めましょう。

式

☐

答え ☐ 円

■ 練習しましょう。

①x ②x	x			

33

文字と式 (2)

● たての長さが 3cm のテープの面積を表す式を考えましょう。

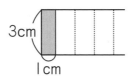

① テープの横の長さが 1cm，2cm，3cm，… の
ときの面積を表す式を書きましょう。

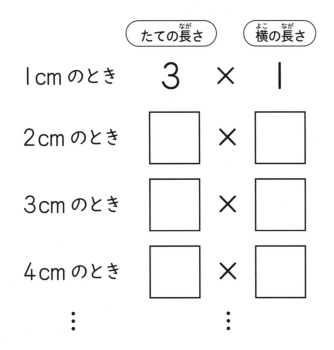

	たての長さ		横の長さ
1cm のとき	3	×	1
2cm のとき	☐	×	☐
3cm のとき	☐	×	☐
4cm のとき	☐	×	☐
⋮			⋮

② ①の式で，いつも変わらない数は何ですか。

③ ①の式で，いろいろと変わる数は何ですか。

④ いろいろと変わる数を x として 1 つの式に
まとめましょう。

⑤ 横の長さが 8cm のときのテープの面積を
求めましょう。

x を使った式に
あてはめてみよう。

式

答え ☐ cm^2

34

文字と式 (3)

● 1個 x 円のあめを 10 個買います。

① 1個 x 円のあめを 10 個買ったときの代金を表す式を書きましょう。

1個のねだん　　　　個数

$$\boxed{} \times \boxed{}$$

② x（1個のねだん）が 30 と 50 のときの代金をそれぞれ求めましょう。

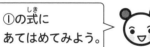
①の式にあてはめてみよう。

x が 30　式　□

答え　□

x が 50　式　□

答え　□

● 24個のみかんを x 人で分けます。

① 24個のみかんを x 人で分けたときの 1 人分の数を表す式を書きましょう。

みかんの数　　　　人数

$$\boxed{} \div \boxed{}$$

② x（人数）が 4 と 8 のときの 1 人分の数をそれぞれ求めましょう。

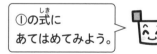
①の式にあてはめてみよう。

x が 4　式　□

答え　□

x が 8　式　□

答え　□

文字と式 (4)

● 横の長さが 5cm の長方形の，たての長さと面積の関係を表す式を考えましょう。

① たての長さが 1cm, 2cm, 3cm, 4cm, …のときの，面積を求める式を書きましょう。

1cm
5cm

たての長さ	横の長さ	面積

1cm のとき　　1　×　5　=　5　(cm²)

2cm のとき　　2　×　5　=　□　(cm²)

3cm のとき　　□　×　□　=　□　(cm²)

4cm のとき　　□　×　□　=　□　(cm²)

⋮　　⋮

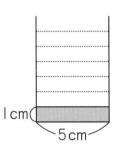

上の式でいつも変わらないのは
横の長さだね。

② たての長さを x cm，面積を y cm² として 1つの式にまとめましょう。

たての長さ	横の長さ	面積

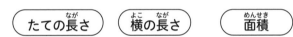

$$x × 5 = y$$

③ x （たての長さ）が 7 のときの面積を $x × 5 = y$ の式を使って求めましょう。

式　　□

答え　□ cm²

■ 練習しましょう。

y	y	y			

文字と式 (5)

● 1個 20 円のチョコレートを何個か買います。

① 買う個数を x 個，その代金を y 円として，x と y の関係を式に表しましょう。

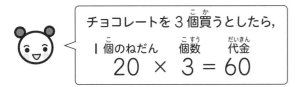
チョコレートを 3 個買うとしたら，
1個のねだん　個数　代金
$$20 \times 3 = 60$$

1個のねだん ☐ × 個数 ☐ = 代金 ☐

② ①の式で，x （個数）が 10 のときの y の表す数を求めましょう。

式 ☐

答え ☐

③ ①の式で，x の値が 6 のとき，対応する y の値を求めましょう。

①の式に
あてはめてみよう。

式 ☐

答え ☐

④ ①の式で，x の値が 8 のとき，対応する y の値を求めましょう。

式 ☐

答え ☐

● 1個 100 円のクッキーを何個か 150 円の箱に入れて買います。

① 買う個数を x 個，全部の代金を y 円として，x と y の関係を式に表しましょう。

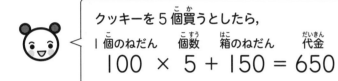

クッキーを5個買うとしたら，

1個のねだん　個数　箱のねだん　代金
$$100 \times 5 + 150 = 650$$

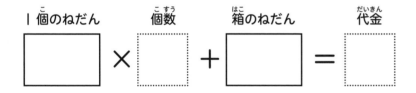

1個のねだん　　　個数　　　箱のねだん　　　代金

$$\boxed{} \times \boxed{} + \boxed{} = \boxed{}$$

② ①の式で，x の値を 6，7，8，…としたとき，それぞれに対応する y の値を表に書きましょう。

x (個)	5	6	7	8
y (円)	650			

①の式にあてはめて計算しよう。

③ y の値が 1050 になるときの，x の値を求めましょう。

x の値は $\boxed{}$

文字と式 (7)

● 高さが 6cm の平行四辺形があります。

① 底辺を x cm, 面積を y cm^2 として, x と y の関係を式に表しましょう。

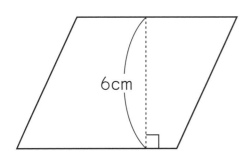

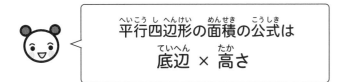

平行四辺形の面積の公式は
底辺 × 高さ

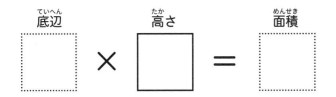

底辺 × 高さ = 面積

② ①の式で, x の値を 3, 3.5, 4, 4.5, …としたとき, それぞれに対応する y の値を表に書きましょう。

x の値が小数になることもあるよ。

x (cm)	3	3.5	4	4.5	
y (cm^2)					

③ y の値が 48 になるときの, x の値を求めましょう。

x の値は

文字と式 (8)

● 次の場面で，x と y の関係を式に表しましょう。

① カードを 20 枚持っていました。

妹に x 枚あげました。

残りは y 枚になりました。

$$\boxed{} - \boxed{} = \boxed{}$$

② ジュースが 2.5 L あります。

x 人で同じ量ずつ分けます。

1 人分は y L です。

$$\boxed{} \div \boxed{} = \boxed{}$$

③ 直径が x cm の円の円周の長さは y cm です。

円周の長さを求める公式は
直径 × 3.14 だね。

$$\boxed{} \times \boxed{} = \boxed{}$$

④ 280 円のハンバーガーと

x 円のジュースを買うと，

代金は y 円です。

$$\boxed{} + \boxed{} = \boxed{}$$

文字と式 (9)

● 次の ①〜③ の式で表される場面を，右の ⑦〜⑦ から選んで線で結びましょう。

① 8 + x = y ・

② 8 ÷ x = y ・

③ 8 × x = y ・

⑦ 8mのテープを同じ長さずつ
x 本に分けます。
1 本の長さは y m になります。

④ りくさんは 1 日に公園を
8 周走ります。x 日走ると，
全部で y 周走ることになります。

⑦ 8kg の犬がいます。
この犬を x kg のケージに入れると
あわせて y kg になります。

文字と式 (10)

名前

月　日

● わからない数を x を使って式に表し，答えを求めましょう。

| 1個150円のシュークリームを3個と，ショートケーキを1個買うと，代金は950円でした。 |

 わからない数は，ショートケーキの1個のねだんだね。

① x を使った式に表しましょう。

$$150 \times 3 + \boxed{} = \boxed{}$$

② x（ショートケーキ1個のねだん）を求めましょう。

式

答え　□ 円

| りんごが何個かありました。3人で等分すると，1人分は4個でした。 |

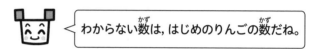 わからない数は，はじめのりんごの数だね。

① x を使った式に表しましょう。

$$\boxed{} \div \boxed{} = \boxed{}$$

② x（はじめのりんごの数）を求めましょう。

式

答え　□ 個

分数×整数 (1)

1dLで, かべを $\frac{3}{5}$ m² ぬれるペンキがあります。
このペンキ 2dLでは, かべを何 m² ぬれますか。

① 式を書きましょう。

$$\frac{\boxed{3}}{\boxed{5}} \times \boxed{2}$$

② 2dLでぬれる面積に色をぬりましょう。

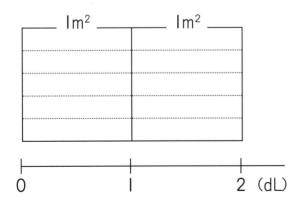

2dLでぬれる面積は何 m² かな。

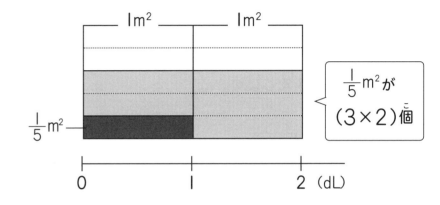

$\frac{1}{5}$ m²が
$(3×2)$個

③ 計算をしましょう。

式 $\dfrac{3}{5} \times 2 = \dfrac{3 \times 2}{5}$

$$= \frac{\boxed{}}{5}$$

答え $\dfrac{\boxed{}}{5}$ m²

43

分数×整数 (2)

		名 前
月	日	

1dLで, かべを $\frac{2}{7}$ m² ぬれるペンキがあります。

このペンキ 3dLでは, かべを何 m² ぬれますか。

① 式を書きましょう。

$$\frac{\boxed{2}}{\boxed{7}} \times \boxed{3}$$

② 3dLでぬれる面積に色をぬりましょう。

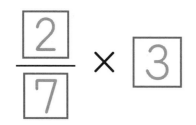

1m²	1m²	1m²

0　　　1　　　2　　　3 (dL)

$\frac{1}{7}$の何個分かな。

③ 計算をしましょう。

式　$\frac{2}{7} \times 3 = \frac{\boxed{} \times \boxed{}}{7}$

$= \frac{\boxed{}}{7}$

答え　$\frac{\boxed{}}{7}$ m²

分数に整数をかける計算では, 分母は

そのままにして, 分子に整数をかけます。

$$\frac{●}{■} \times ▲ = \frac{● \times ▲}{■}$$

44

分数×整数 (3)

約分なし

● 計算をしましょう。（答えは仮分数のままでよい）

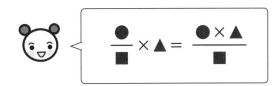

$\dfrac{●}{■} × ▲ = \dfrac{●×▲}{■}$

① $\dfrac{1}{6} × 5 = \dfrac{\boxed{} × \boxed{}}{6}$

$= \dfrac{\boxed{}}{6}$

② $\dfrac{4}{9} × 2 = \dfrac{\boxed{} × \boxed{}}{\boxed{}}$

$= \dfrac{\boxed{}}{\boxed{}}$

③ $\dfrac{5}{8} × 3 = \dfrac{\boxed{} × \boxed{}}{\boxed{}}$

$= \dfrac{\boxed{}}{\boxed{}}$

④ $\dfrac{2}{11} × 4 = \dfrac{\boxed{} × \boxed{}}{\boxed{}}$

$= \dfrac{\boxed{}}{\boxed{}}$

⑤ $\dfrac{3}{2} × 3 = \dfrac{\boxed{} × \boxed{}}{\boxed{}}$

$= \dfrac{\boxed{}}{\boxed{}}$

分数×整数（4）　約分あり

● 計算をしましょう。（答えは仮分数のままでよい）

① $\dfrac{3}{4} \times 2 = \dfrac{3 \times \cancel{2}^{1}}{\cancel{4}_{2}}$

$= \dfrac{\Box}{\Box}$

約分ができるときは、
計算のとちゅうで
約分してから
計算しよう。

② $\dfrac{2}{5} \times 5 = \dfrac{2 \times \cancel{5}^{1}}{\cancel{5}_{1}}$ ◁ 約分

$= \dfrac{2}{1}$

$= \Box$ ◁ 整数

答えが整数に
できるときは、
必ず整数に
しよう。

③ $\dfrac{5}{8} \times 4 = \dfrac{\Box \times \Box}{\Box}$ ◁ 約分

$= \dfrac{\Box}{\Box}$

④ $\dfrac{2}{9} \times 3 = \dfrac{\Box \times \Box}{\Box}$ ◁ 約分

$= \dfrac{\Box}{\Box}$

⑤ $\dfrac{4}{3} \times 6 = \dfrac{\Box \times \Box}{\Box}$ ◁ 約分

$= \dfrac{\Box}{\Box}$

$= \Box$ ◁ 整数

46

		名　前
月	日	

● 計算をしましょう。（答えは仮分数のままでよい）

① $\dfrac{7}{10} \times 5 = \dfrac{\boxed{7} \times \boxed{5}^{1}}{\boxed{10}_{2}}$

$= \dfrac{\boxed{}}{\boxed{}}$

約分をわすれずにしよう。

② $\dfrac{5}{6} \times 3 = \dfrac{\boxed{} \times \boxed{}}{\boxed{}}$ ◁約分

$= \dfrac{\boxed{}}{\boxed{}}$

③ $\dfrac{3}{8} \times 6 = \dfrac{\boxed{} \times \boxed{}}{\boxed{}}$ ◁約分

$= \dfrac{\boxed{}}{\boxed{}}$

④ $\dfrac{2}{7} \times 14 = \dfrac{\boxed{} \times \boxed{}}{\boxed{}}$ ◁約分

$= \dfrac{\boxed{}}{\boxed{}}$

$= \boxed{}$ ◁整数

⑤ $\dfrac{9}{2} \times 10 = \dfrac{\boxed{} \times \boxed{}}{\boxed{}}$ ◁約分

$= \dfrac{\boxed{}}{\boxed{}}$

$= \boxed{}$ ◁整数

分数÷整数 (1)

2dLで、かべを $\frac{1}{3}$ m² ぬれるペンキがあります。

このペンキ1dLでは、かべを何m²ぬれますか。

① 式を書きましょう。

$$\frac{1}{3} \div 2$$

② 1dLでぬれる面積に色をぬりましょう。

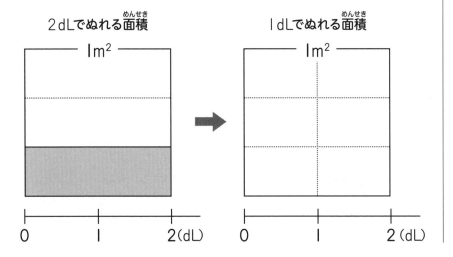

2dLでぬれる面積　　　　1dLでぬれる面積

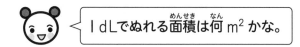

1dLでぬれる面積は何m²かな。

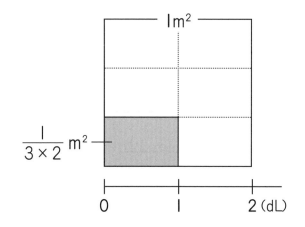

$\frac{1}{3 \times 2}$ m²

③ 計算をしましょう。

式　$\dfrac{1}{3} \div 2 = \dfrac{1}{3 \times 2}$

$$= \frac{1}{\boxed{}}$$

答え　$\dfrac{1}{\boxed{}}$ m²

48

分数÷整数 (2)

3dLで，かべを $\frac{4}{5}$ m² ぬれるペンキがあります。
このペンキ1dLでは，かべを何 m² ぬれますか。

① 式を書きましょう。

$$\frac{4}{5} \div 3$$

② 1dLでぬれる面積に色をぬりましょう。

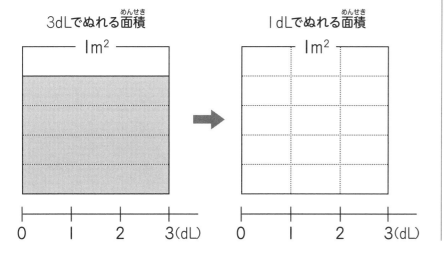

3dLでぬれる面積　　　→　　　1dLでぬれる面積

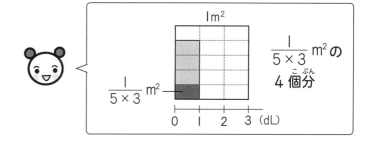

$\frac{1}{5 \times 3}$ m² の4個分

$\frac{1}{5 \times 3}$ m²

③ 計算をしましょう。

式　　$\dfrac{4}{5} \div 3 = \dfrac{4}{5 \times 3}$

$$= \frac{\boxed{}}{\boxed{}}$$

答え　$\dfrac{\boxed{}}{\boxed{}}$ m²

分数を整数でわる計算では，分子は
そのままにして，分母に整数をかけます。

$$\frac{\bullet}{\blacksquare} \div \blacktriangle = \frac{\bullet}{\blacksquare \times \blacktriangle}$$

49

分数÷整数 (3)　　約分なし

● 計算をしましょう。

$$\frac{●}{■} ÷ ▲ = \frac{●}{■ × ▲}$$

① $\dfrac{3}{4} ÷ 2 = \dfrac{\boxed{3}}{\boxed{4} × \boxed{2}}$

$= \dfrac{\Box}{\Box}$

② $\dfrac{5}{7} ÷ 4 = \dfrac{\Box}{\Box × \Box}$

$= \dfrac{\Box}{\Box}$

③ $\dfrac{5}{3} ÷ 3 = \dfrac{\Box}{\Box × \Box}$

$= \dfrac{\Box}{\Box}$

④ $\dfrac{4}{9} ÷ 5 = \dfrac{\Box}{\Box × \Box}$

$= \dfrac{\Box}{\Box}$

⑤ $\dfrac{7}{2} ÷ 4 = \dfrac{\Box}{\Box × \Box}$

$= \dfrac{\Box}{\Box}$

		名 前
月	日	

● 計算をしましょう。

① $\dfrac{4}{7} \div 6 = \dfrac{\cancel{4}^{2}}{7 \times \cancel{6}_{3}}$　　約分を
しよう

$= \dfrac{\square}{\square}$

② $\dfrac{3}{8} \div 9 = \dfrac{\cancel{3}^{\square}}{8 \times \cancel{9}_{\square}}$　　約分

$= \dfrac{\square}{\square}$

これ以上
約分できないか
たしかめてね。

③ $\dfrac{5}{3} \div 10 = \dfrac{\square}{\square \times \square}$　　約分

$= \dfrac{\square}{\square}$

④ $\dfrac{4}{5} \div 4 = \dfrac{\square}{\square \times \square}$　　約分

$= \dfrac{\square}{\square}$

⑤ $\dfrac{6}{7} \div 15 = \dfrac{\square}{\square \times \square}$　　約分

$= \dfrac{\square}{\square}$

51

● 計算をしましょう。（答えは仮分数のままでよい）

① $\dfrac{9}{4} \div 6 = \dfrac{\cancel{9}\,3}{\boxed{4} \times \cancel{6}\,2}$

$= \dfrac{\boxed{}}{\boxed{}}$

約分を
わすれずに
しよう。

② $\dfrac{5}{9} \div 15 = \dfrac{\boxed{}}{\boxed{} \times \boxed{}}$ ← 約分

$= \dfrac{\boxed{}}{\boxed{}}$

③ $\dfrac{16}{3} \div 4 = \dfrac{\boxed{}}{\boxed{} \times \boxed{}}$ ← 約分

$= \dfrac{\boxed{}}{\boxed{}}$

④ $\dfrac{21}{2} \div 28 = \dfrac{\boxed{}}{\boxed{} \times \boxed{}}$ ← 約分

$= \dfrac{\boxed{}}{\boxed{}}$

⑤ $\dfrac{25}{8} \div 20 = \dfrac{\boxed{}}{\boxed{} \times \boxed{}}$ ← 約分

$= \dfrac{\boxed{}}{\boxed{}}$

これ以上
約分できないか
たしかめよう。

分数×分数（1）

1dLで，かべを $\frac{4}{5}$ m² ぬれるペンキがあります。
このペンキ $\frac{2}{3}$ dLでは，かべを何 m² ぬれますか。

① 式を書きましょう。

$$\frac{4}{5} \times \frac{2}{3}$$

② $\frac{2}{3}$ dLでぬれる面積に色をぬりましょう。

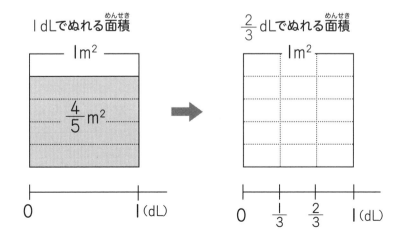

1dLでぬれる面積

$\frac{4}{5}$ m²

0　　　1(dL)

$\frac{2}{3}$ dLでぬれる面積

0　$\frac{1}{3}$　$\frac{2}{3}$　1(dL)

$\frac{2}{3}$ dLでぬれる面積は何 m² かな。

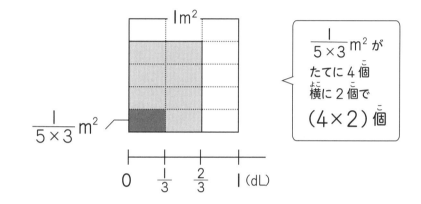

$\frac{1}{5\times3}$ m² が
たてに 4 個
横に 2 個で
（4×2）個

0　$\frac{1}{3}$　$\frac{2}{3}$　1(dL)

③ 計算をしましょう。

$$式 \quad \frac{4}{5} \times \frac{2}{3} = \frac{4 \times 2}{5 \times 3}$$

$$= \frac{\boxed{}}{\boxed{}}$$

答え　$\frac{\boxed{}}{\boxed{}}$ m²

分数×分数 (2)

1dLで，かべを $\frac{5}{7}$ m² ぬれるペンキがあります。
このペンキ $\frac{1}{3}$ dLでは，かべを何 m² ぬれますか。

① 式を書きましょう。

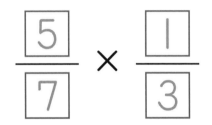

$$\frac{5}{7} \times \frac{1}{3}$$

② $\frac{1}{3}$ dLでぬれる面積に色をぬりましょう。

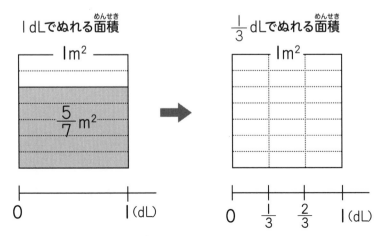

1dLでぬれる面積　　　$\frac{1}{3}$ dLでぬれる面積

$\frac{1}{7 \times 3}$ m² が
（5×1）個
たて　横

③ 計算をしましょう。

式 $\dfrac{5}{7} \times \dfrac{1}{3} = \dfrac{5 \times 1}{7 \times 3}$

$$= \frac{\boxed{}}{\boxed{}}$$

答え $\dfrac{\boxed{}}{\boxed{}}$ m²

分数に分数をかける計算では，分母どうし，
分子どうしをかけます。

$$\frac{\bullet}{\blacksquare} \times \frac{\bigstar}{\blacktriangle} = \frac{\bullet \times \bigstar}{\blacksquare \times \blacktriangle}$$

54

分数×分数 (3)

約分なし

名 前

月　日

● 計算をしましょう。（答えは仮分数のままでよい）

$$\frac{\bullet}{\blacksquare} \times \frac{\bigstar}{\blacktriangle} = \frac{\bullet \times \bigstar}{\blacksquare \times \blacktriangle}$$

① $\dfrac{3}{8} \times \dfrac{1}{5} = \dfrac{\boxed{3} \times \boxed{1}}{\boxed{8} \times \boxed{5}}$

$= \dfrac{\Box}{\Box}$

② $\dfrac{7}{4} \times \dfrac{3}{2} = \dfrac{\Box \times \Box}{\Box \times \Box}$

$= \dfrac{\Box}{\Box}$

③ $\dfrac{2}{9} \times \dfrac{5}{3} = \dfrac{\Box \times \Box}{\Box \times \Box}$

$= \dfrac{\Box}{\Box}$

④ $\dfrac{2}{7} \times \dfrac{5}{7} = \dfrac{\Box \times \Box}{\Box \times \Box}$

$= \dfrac{\Box}{\Box}$

⑤ $\dfrac{7}{9} \times \dfrac{2}{5} = \dfrac{\Box \times \Box}{\Box \times \Box}$

$= \dfrac{\Box}{\Box}$

ぶんすう　ぶんすう

名 前

月　　日

● 計算をしましょう。
けいさん

① $\dfrac{4}{5} \times \dfrac{3}{8} = \dfrac{\boxed{1}\,\cancel{4} \times 3}{5 \times \cancel{8}\,\boxed{2}}$

$= \dfrac{\square}{\square}$

$\dfrac{\cancel{4} \times 3}{5 \times \cancel{8}}$

4と8が
約分できるね。
やくぶん

② $\dfrac{2}{9} \times \dfrac{6}{7} = \dfrac{2 \times \cancel{6}\,\square}{\square\,\cancel{9} \times 7}$　約分
やくぶん

$= \dfrac{\square}{\square}$

$\dfrac{2 \times \cancel{6}}{\cancel{9} \times 7}$

6と9が
約分できるね。
やくぶん

③ $\dfrac{3}{10} \times \dfrac{5}{11} = \dfrac{\square \times \square}{\square \times \square}$　約分
やくぶん

$= \dfrac{\square}{\square}$

④ $\dfrac{12}{7} \times \dfrac{4}{15} = \dfrac{\square \times \square}{\square \times \square}$　約分
やくぶん

$= \dfrac{\square}{\square}$

名前

月　日

● 計算をしましょう。

① $\dfrac{5}{6} \times \dfrac{2}{15} = \dfrac{\boxed{1}\ 5 \times 2\ \boxed{1}}{\boxed{3}\ 6 \times 15\ \boxed{3}}$

$= \dfrac{\boxed{}}{\boxed{}}$

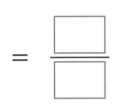
5と15，2と6
がそれぞれ
約分できるね。

② $\dfrac{8}{9} \times \dfrac{3}{8} = \dfrac{\boxed{}\ 8 \times 3\ \boxed{}}{\boxed{}\ 9 \times 8\ \boxed{}}$

$= \dfrac{\boxed{}}{\boxed{}}$

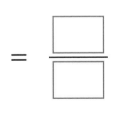
8と8，3と9が
約分できるね。

③ $\dfrac{9}{2} \times \dfrac{10}{3} = \dfrac{\boxed{}\ 9 \times 10\ \boxed{}}{\boxed{}\ 2 \times 3\ \boxed{}}$

$= \dfrac{\boxed{}}{\boxed{}}$

$= \boxed{}$　整数

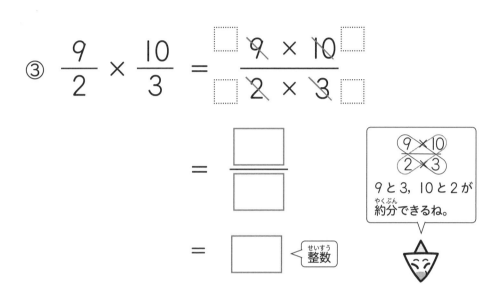
9と3，10と2が
約分できるね。

④ $\dfrac{3}{20} \times \dfrac{8}{15} = \dfrac{\boxed{}\ 3 \times 8\ \boxed{}}{\boxed{}\ 20 \times 15\ \boxed{}}$

$= \dfrac{\boxed{}}{\boxed{}}$

3と15，8と20が
約分できるね。

名前

月　日

● 計算をしましょう。

① $\dfrac{3}{4} \times \dfrac{8}{9} = \dfrac{\square \times \square}{\square \times \square}$ ◁ 約分

$= \dfrac{\square}{\square}$

$\dfrac{3 \times 8}{4 \times 9}$

ななめ向かいの数を見て
約分できるかたしかめよう。

② $\dfrac{16}{5} \times \dfrac{15}{4} = \dfrac{\square \times \square}{\square \times \square}$ ◁ 約分

$= \dfrac{\square}{\square}$

$= \square$ ◁ 整数

③ $\dfrac{4}{7} \times \dfrac{7}{10} = \dfrac{\square \times \square}{\square \times \square}$ ◁ 約分

$= \dfrac{\square}{\square}$

④ $\dfrac{6}{25} \times \dfrac{10}{9} = \dfrac{\square \times \square}{\square \times \square}$ ◁ 約分

$= \dfrac{\square}{\square}$

● 計算をしましょう。(答えは仮分数のままでよい)

① $1\dfrac{2}{3} \times \dfrac{1}{4} = \dfrac{5}{3} \times \dfrac{1}{4}$ ◁ 仮分数

$= \dfrac{\boxed{} \times \boxed{}}{\boxed{} \times \boxed{}}$

$= \dfrac{\boxed{}}{\boxed{}}$

帯分数は仮分数になおして計算しよう。

② $2\dfrac{1}{2} \times \dfrac{3}{5} = \dfrac{\boxed{}}{\boxed{}} \times \dfrac{3}{5}$ ◁ 仮分数

$= \dfrac{\boxed{} \times \boxed{}}{\boxed{} \times \boxed{}}$ ◁ 約分

$= \dfrac{\boxed{}}{\boxed{}}$

③ $1\dfrac{3}{7} \times \dfrac{9}{10} = \dfrac{\boxed{}}{\boxed{}} \times \dfrac{9}{10}$ ◁ 仮分数

$= \dfrac{\boxed{} \times \boxed{}}{\boxed{} \times \boxed{}}$ ◁ 約分

$= \dfrac{\boxed{}}{\boxed{}}$

④ $3\dfrac{1}{2} \times \dfrac{6}{7} = \dfrac{\boxed{}}{\boxed{}} \times \dfrac{6}{7}$ ◁ 仮分数

$= \dfrac{\boxed{} \times \boxed{}}{\boxed{} \times \boxed{}}$ ◁ 約分

$= \dfrac{\boxed{}}{\boxed{}} = \boxed{}$ ◁ 整数

● 計算をしましょう。(答えは仮分数のままでよい)

① $1\dfrac{2}{5} \times 1\dfrac{1}{3} =$ $\dfrac{\boxed{7}}{\boxed{5}} \times \dfrac{\boxed{4}}{\boxed{3}}$ ◁ 仮分数

帯分数は仮分数になおして計算しよう。

$= \dfrac{\boxed{} \times \boxed{}}{\boxed{} \times \boxed{}}$

$= \dfrac{\boxed{}}{\boxed{}}$

② $2\dfrac{1}{4} \times 1\dfrac{2}{3} =$ $\dfrac{\boxed{}}{\boxed{}} \times \dfrac{\boxed{}}{\boxed{}}$ ◁ 仮分数

$= \dfrac{\boxed{} \times \boxed{}}{\boxed{} \times \boxed{}}$ ◁ 約分

$= \dfrac{\boxed{}}{\boxed{}}$

③ $3\dfrac{1}{2} \times 1\dfrac{3}{7} =$ $\dfrac{\boxed{}}{\boxed{}} \times \dfrac{\boxed{}}{\boxed{}}$ ◁ 仮分数

$= \dfrac{\boxed{} \times \boxed{}}{\boxed{} \times \boxed{}}$ ◁ 約分

$= \dfrac{\boxed{}}{\boxed{}}$

$= \boxed{}$ ◁ 整数

名 前

月　日

● $5 \times \dfrac{3}{4}$ を計算しましょう。(答えは仮分数のままでよい)

㋐　$5 \times \dfrac{3}{4} = \dfrac{\square}{\square} \times \dfrac{3}{4}$

$= \dfrac{\square \times \square}{\square \times \square}$

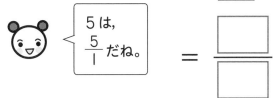
5は，$\dfrac{5}{1}$ だね。

$= \dfrac{\square}{\square}$

㋑　$5 \times \dfrac{3}{4} = \dfrac{5 \times 3}{4}$

$= \dfrac{\square}{\square}$

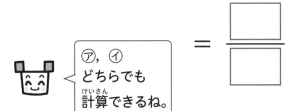
㋐，㋑
どちらでも
計算できるね。

● 計算をしましょう。(答えは仮分数のままでよい)

①　$8 \times \dfrac{5}{6} =$

約分も
忘れずに。

②　$4 \times \dfrac{3}{10} =$

③　$9 \times \dfrac{2}{3} =$

61

分数×分数 (10)

● 計算をしましょう。（答えは仮分数のままでよい）

① $\dfrac{1}{2} \times \dfrac{3}{4} \times \dfrac{5}{7} = \dfrac{1 \times 3 \times 5}{2 \times 4 \times 7}$

$$= \dfrac{\boxed{}}{\boxed{}}$$

分母どうし，分子どうしをまとめて計算するよ。

② $\dfrac{2}{3} \times \dfrac{1}{5} \times \dfrac{7}{4} = \dfrac{\overset{1}{\cancel{2}} \times 1 \times 7}{3 \times 5 \times \underset{2}{\cancel{4}}}$ ◁ 約分

$$= \dfrac{\boxed{}}{\boxed{}}$$

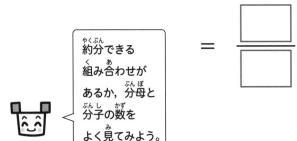

約分できる組み合わせがあるか，分母と分子の数をよく見てみよう。

③ $\dfrac{5}{9} \times 6 \times \dfrac{2}{5} = \dfrac{5}{9} \times \dfrac{6}{1} \times \dfrac{2}{5}$

$$= \dfrac{5 \times 6 \times 2}{9 \times 1 \times 5}$$ ◁ 約分

$$= \dfrac{\boxed{}}{\boxed{}}$$

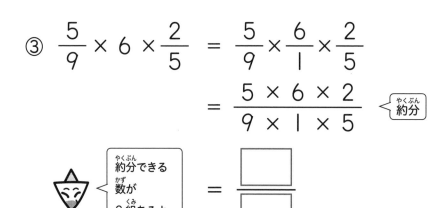

約分できる数が2組あるよ。

④ $2\dfrac{1}{4} \times \dfrac{8}{3} \times 5 = \dfrac{\boxed{}}{4} \times \dfrac{8}{3} \times \dfrac{\boxed{}}{1}$

$$= \dfrac{\boxed{} \times \boxed{} \times \boxed{}}{\boxed{} \times \boxed{} \times \boxed{}}$$ ◁ 約分

$$= \dfrac{\boxed{}}{1}$$

$$= \boxed{}$$ ◁ 整数

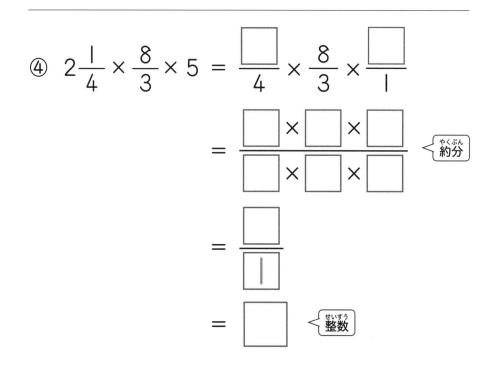

分数×分数 (11)

● 次の ㋐～㋒ の積が，かけられる数 12 より 大きくなるか，小さくなるかを調べましょう。

1より小さい分数

㋐ $12 \times \dfrac{3}{4} =$ ☐ $\left(\begin{array}{c}12より\\ 大きい・小さい\end{array}\right)$

どちらかに〇をしよう

1より大きい分数

㋑ $12 \times \dfrac{4}{3} =$ ☐ $\left(\begin{array}{c}12より\\ 大きい・小さい\end{array}\right)$

1より大きい分数

㋒ $12 \times 1\dfrac{2}{3} =$ ☐ $\left(\begin{array}{c}12より\\ 大きい・小さい\end{array}\right)$

● 次の ㋐～㋒ の積について，あてはまる記号を □に書きましょう。

> 積が かけられる数 15 より大きくなるもの → 〇
> 積が かけられる数 15 より小さくなるもの → △

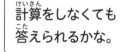 計算をしなくても 答えられるかな。

㋐ $15 \times \dfrac{4}{5}$ ☐

㋑ $15 \times 2\dfrac{1}{5}$ ☐

㋒ $15 \times \dfrac{8}{5}$ ☐

分数×分数 (12)

● 下の ㋐, ㋑ の面積を求めましょう。

㋐ 長方形

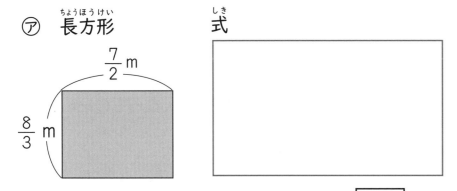

式

答え □ m²

長方形の面積＝たて×横

㋑ 正方形

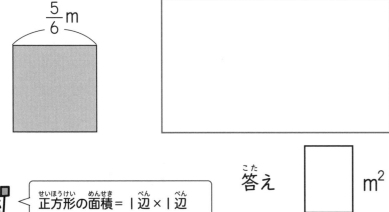

式

答え □ m²

正方形の面積＝１辺×１辺

● 下の直方体の体積を求めましょう。

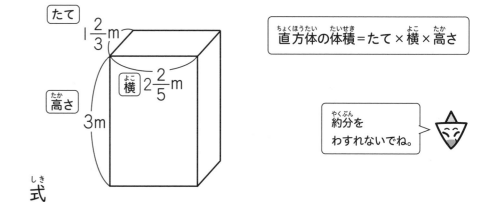

直方体の体積＝たて×横×高さ

約分を
わすれないでね。

式

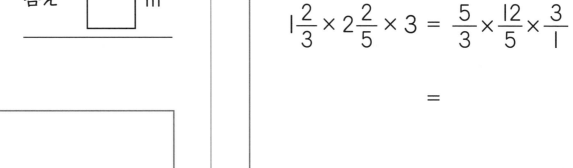

$$1\frac{2}{3} \times 2\frac{2}{5} \times 3 = \frac{5}{3} \times \frac{12}{5} \times \frac{3}{1}$$

$$=$$

答え □ m³

		名 前
月	日	

● 計算のきまりを使って，くふうして計算しましょう。

① $\dfrac{3}{5} \times \dfrac{2}{9} + \dfrac{3}{5} \times \dfrac{4}{9} = \dfrac{3}{5} \times \left(\dfrac{2}{9} + \dfrac{4}{9} \right)$

$$=$$

③ $\left(\dfrac{4}{5} \times \dfrac{7}{10} \right) \times \dfrac{5}{7} = \dfrac{4}{5} \times \left(\dfrac{7}{10} \times \dfrac{5}{7} \right)$

$$=$$

② $\left(\dfrac{7}{8} + \dfrac{5}{6} \right) \times 24 = \dfrac{7}{8} \times 24 + \dfrac{5}{6} \times 24$

$$=$$

65

分数×分数 (14)

● $\frac{5}{7}$ と $\frac{7}{5}$ のように, 積が 1 になる 2 つの数の
組み合わせを見つけて, 線で結びましょう。

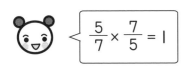 $\frac{5}{7} \times \frac{7}{5} = 1$

6 は, $\frac{6}{1}$ の
ことだね。

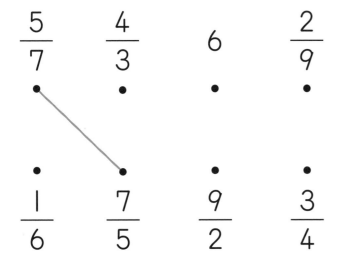

| $\frac{5}{7}$ | $\frac{4}{3}$ | 6 | $\frac{2}{9}$ |

| $\frac{1}{6}$ | $\frac{7}{5}$ | $\frac{9}{2}$ | $\frac{3}{4}$ |

$\frac{5}{7}$ と $\frac{7}{5}$ のように, 2 つの数の積が 1 になるとき,
一方の数を他方の数の 逆数 といいます。

● 次の数の逆数を求めましょう。

真分数や仮分数の逆数は,
分母と分子を入れかえた分数に
なります。

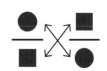

① $\frac{4}{9}$ [　　]

② $\frac{8}{3}$ [　　]

③ 10 [　　]

$10 = \frac{10}{1}$

④ $\frac{1}{4}$ [　　] 整数

$\frac{1}{4} \diagup \frac{4}{1}$

⑤ 0.7 [　　]

$0.7 = \frac{7}{10}$

66

分数÷分数 (1)

$\frac{1}{2}$ dLで，かべを $\frac{3}{5}$ m² ぬれるペンキがあります。
このペンキ1dLでは，かべを何 m² ぬれますか。

① 式を書きましょう。

$$\frac{3}{5} \div \frac{1}{2}$$

> 整数で考えてみよう。
> 2dLで 4m² ぬれるペンキが
> 1dLでぬれる面積は，
> $$4 \div 2 = 2$$
> (m²) (dL) (m²)
> で求められるね。

② 1dLでぬれる面積に色をぬりましょう。

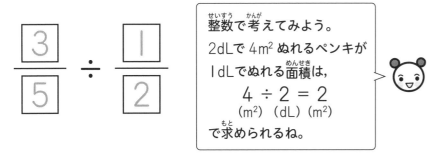

$\frac{1}{2}$ dLでぬれる面積　　　1dLでぬれる面積

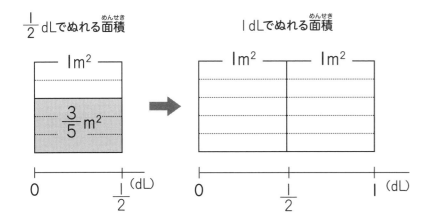

1dLでぬれる面積は

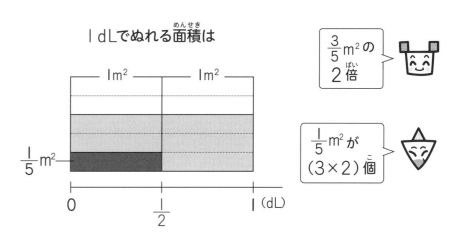

$\frac{3}{5}$ m²の 2倍

$\frac{1}{5}$ m²が (3×2)個

③ 計算をしましょう。（答えは仮分数のままでよい）

式　$\dfrac{3}{5} \div \dfrac{1}{2} = \dfrac{3}{5} \times \dfrac{2}{1}$

$$= \dfrac{3 \times 2}{5 \times 1}$$

$$= \dfrac{\boxed{}}{\boxed{}}$$

答え $\dfrac{\boxed{}}{\boxed{}}$ m²

分数÷分数 (2)

$\dfrac{2}{3}$dLで，かべを $\dfrac{3}{4}$ m² ぬれるペンキがあります。
このペンキ1dLでは，かべを何m²ぬれますか。

① 式を書きましょう。

$$\dfrac{\boxed{3}}{\boxed{4}} \div \dfrac{\boxed{2}}{\boxed{3}}$$

② 1dLでぬれる面積に色をぬりましょう。

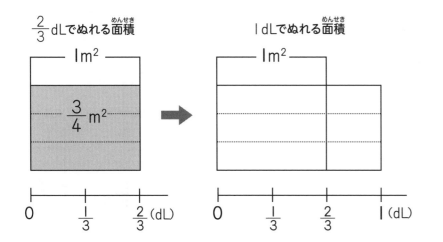

$\dfrac{2}{3}$dLでぬれる面積　1m²　$\dfrac{3}{4}$m²　→　1dLでぬれる面積　1m²

0　$\dfrac{1}{3}$　$\dfrac{2}{3}$(dL)　　0　$\dfrac{1}{3}$　$\dfrac{2}{3}$　1(dL)

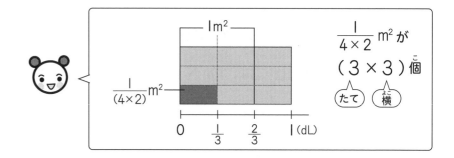

$\dfrac{1}{4\times2}$m²が（3×3）個
たて　横

$\dfrac{1}{4\times2}$m²

0　$\dfrac{1}{3}$　$\dfrac{2}{3}$　1(dL)　1m²

③ 計算をしましょう。（答えは仮分数のままでよい）

式　$\dfrac{3}{4} \div \dfrac{2}{3} = \dfrac{3\times3}{4\times2}$

$$= \dfrac{\boxed{}}{\boxed{}}$$

答え　$\dfrac{\boxed{}}{\boxed{}}$ m²

分数を分数でわる計算では，わる数の逆数をかけます。

$$\dfrac{●}{■} \div \dfrac{★}{▲} = \dfrac{●}{■} \times \dfrac{▲}{★}$$

分数

約分なし

月	日	名 前

● 言 （仮分数のままでよい）

① $\frac{}{7}$ ÷

② $\frac{1}{4} ÷ \frac{5}{3} = \frac{1}{4} × \frac{\square}{\square}$

$$= \frac{\square × \square}{\square × \square}$$

$$= \frac{\square}{\square}$$

③ $\frac{4}{9} ÷ \frac{1}{7} = \frac{4}{9} × \frac{\square}{\square}$

$$= \frac{\square × \square}{\square × \square}$$

$$= \frac{\square}{\square}$$

$\frac{1}{7}$ の逆数は $\frac{7}{1}$ ＝7 だね。

④ $\frac{3}{8} ÷ \frac{2}{5} = \frac{3}{8} × \frac{\square}{\square}$

$$= \frac{\square × \square}{\square × \square}$$

$$= \frac{\square}{\square}$$

分数÷分数では わる数の逆数を かけると よかったね。

分数÷分数 (4)

約分あり (1組)

		名前
月	日	

● 計算をしましょう。（答えは仮分数のままでよい）

① $\dfrac{2}{3} \div \dfrac{4}{5} = \dfrac{2}{3} \times \dfrac{5}{4}$

$= \dfrac{2 \times 5}{3 \times 4}$

$= \dfrac{\square}{\square}$

$\dfrac{2 \times 5}{3 \times 4}$
2と4が約分できるね。

② $\dfrac{2}{9} \div \dfrac{5}{6} = \dfrac{2}{9} \times \dfrac{6}{5}$

$= \dfrac{2 \times 6}{9 \times 5}$

$= \dfrac{\square}{\square}$

$\dfrac{2 \times 6}{9 \times 5}$
6と9が約分できるね。

③ $\dfrac{1}{10} \div \dfrac{5}{8} = \dfrac{\square}{\square} \times \dfrac{\square}{\square}$ 逆数をかける

$= \dfrac{\square \times \square}{\square \times \square}$ 約分

$= \dfrac{\square}{\square}$

④ $\dfrac{7}{4} \div \dfrac{1}{12} = \dfrac{\square}{\square} \times \dfrac{\square}{\square}$ 逆数をかける $\dfrac{1}{12}$ の逆数は $\dfrac{12}{1} = 12$

$= \dfrac{\square \times \square}{\square \times \square}$ 約分

$= \dfrac{\square}{1} = \square$ 整数

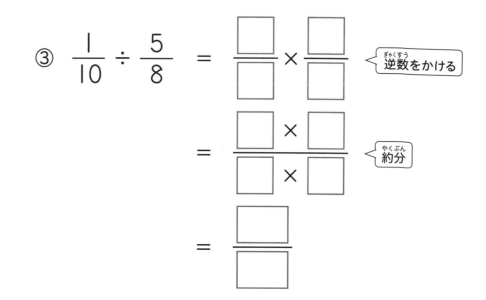

分数÷分数 (5)

約分あり (2組)

		名前
月	日	

● 計算をしましょう。(答えは仮分数のままでよい)

① $\dfrac{4}{9} \div \dfrac{2}{3} = \dfrac{4}{9} \times \dfrac{3}{2}$

$= \dfrac{\boxed{}\ \cancel{4} \times \cancel{3}\ \boxed{}}{\boxed{}\ \cancel{9} \times \cancel{2}\ \boxed{}}$

$= \dfrac{\boxed{}}{\boxed{}}$

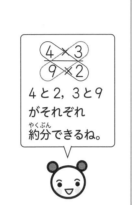

4×3 / 9×2
4と2, 3と9
がそれぞれ
約分できるね。

② $\dfrac{3}{8} \div \dfrac{9}{8} = \dfrac{3}{8} \times \dfrac{8}{9}$

$= \dfrac{\boxed{}\ \cancel{3} \times \cancel{8}\ \boxed{}}{\boxed{}\ \cancel{8} \times \cancel{9}\ \boxed{}}$

$= \dfrac{\boxed{}}{\boxed{}}$

3×8 / 8×9
3と9, 8と8
が約分できるね。

③ $\dfrac{7}{12} \div \dfrac{7}{15} = \dfrac{\boxed{}}{\boxed{}} \times \dfrac{\boxed{}}{\boxed{}}$ ← 逆数をかける

$= \dfrac{\boxed{} \times \boxed{}}{\boxed{} \times \boxed{}}$ ← 約分

$= \dfrac{\boxed{}}{\boxed{}}$

④ $\dfrac{9}{4} \div \dfrac{3}{16} = \dfrac{\boxed{}}{\boxed{}} \times \dfrac{\boxed{}}{\boxed{}}$ ← 逆数をかける

$= \dfrac{\boxed{} \times \boxed{}}{\boxed{} \times \boxed{}}$ ← 約分

$= \dfrac{\boxed{}}{1} = \boxed{}$ ← 整数

分数÷分数 (6)

約分あり (1組・2組)

● 計算をしましょう。(答えは仮分数のままでよい)

① $\dfrac{4}{15} \div \dfrac{2}{5}$ = $\dfrac{\boxed{4}}{\boxed{15}} \times \dfrac{\boxed{5}}{\boxed{2}}$

= $\dfrac{\boxed{} \times \boxed{}}{\boxed{} \times \boxed{}}$

= $\dfrac{\boxed{}}{\boxed{}}$

ななめ向かいの数を見て，約分できるかたしかめよう。

② $\dfrac{3}{7} \div \dfrac{5}{14}$ = $\dfrac{\boxed{}}{\boxed{}} \times \dfrac{\boxed{}}{\boxed{}}$ ← 逆数をかける

= $\dfrac{\boxed{} \times \boxed{}}{\boxed{} \times \boxed{}}$ ← 約分

= $\dfrac{\boxed{}}{\boxed{}}$

③ $\dfrac{10}{3} \div \dfrac{1}{3}$ = $\dfrac{\boxed{}}{\boxed{}} \times \dfrac{\boxed{}}{\boxed{}}$ ← 逆数をかける

= $\dfrac{\boxed{} \times \boxed{}}{\boxed{} \times \boxed{}}$ ← 約分

= $\dfrac{\boxed{}}{\boxed{}}$ = $\boxed{}$ ← 整数

④ $\dfrac{9}{10} \div \dfrac{6}{5}$ = $\dfrac{\boxed{}}{\boxed{}} \times \dfrac{\boxed{}}{\boxed{}}$ ← 逆数をかける

= $\dfrac{\boxed{} \times \boxed{}}{\boxed{} \times \boxed{}}$ ← 約分

= $\dfrac{\boxed{}}{\boxed{}}$

分数÷分数 (7)

たいぶんすう 帯分数のわり算

月　日　名　前

● 計算をしましょう。（答えは仮分数のままでよい）

① $2\dfrac{1}{2} \div \dfrac{2}{3} = \dfrac{5}{2} \div \dfrac{2}{3}$　◁ 仮分数になおす

$= \dfrac{5}{2} \times \dfrac{\square}{\square}$　◁ 逆数をかける

$= \dfrac{\square \times \square}{\square \times \square}$

$= \dfrac{\square}{\square}$

② $\dfrac{3}{10} \div 1\dfrac{4}{5} = \dfrac{3}{10} \div \dfrac{\square}{5}$　◁ 仮分数になおす

$= \dfrac{\square}{\square} \times \dfrac{\square}{\square}$　◁ 逆数をかける

$= \dfrac{\square \times \square}{\square \times \square}$　◁ 約分

$= \dfrac{\square}{\square}$

分数÷分数 (8)

帯分数のわり算

● 計算をしましょう。(答えは仮分数のままでよい)

① $1\dfrac{2}{3} \div 1\dfrac{1}{9} = \dfrac{\square}{3} \div \dfrac{\square}{9}$ ◁ 仮分数になおす

$= \dfrac{\square}{\square} \times \dfrac{\square}{\square}$ ◁ 逆数をかける

$= \dfrac{\square \times \square}{\square \times \square}$ ◁ 約分

$= \dfrac{\square}{\square}$

② $1\dfrac{4}{5} \div 2\dfrac{7}{10} = \dfrac{\square}{\square} \div \dfrac{\square}{\square}$ ◁ 仮分数になおす

$= \dfrac{\square}{\square} \times \dfrac{\square}{\square}$ ◁ 逆数をかける

$= \dfrac{\square \times \square}{\square \times \square}$ ◁ 約分

$= \dfrac{\square}{\square}$

74

		名前
月	日	

● $4 \div \dfrac{7}{3}$ を計算しましょう。（答えは仮分数のままでよい）

㋐　$4 \div \dfrac{7}{3} = \dfrac{4}{1} \times \dfrac{3}{7}$

$= \dfrac{\square \times \square}{\square \times \square}$

4は、$\dfrac{4}{1}$ だね。

$= \dfrac{\square}{\square}$

㋑　$4 \div \dfrac{7}{3} = 4 \times \dfrac{3}{7}$

㋐, ㋑
どちらでも
計算できるね。

$= \dfrac{4 \times 3}{7}$

$= \dfrac{\square}{\square}$

● 計算をしましょう。（答えは仮分数のままでよい）

①　$3 \div \dfrac{6}{7} =$

②　$8 \div \dfrac{1}{5} =$

$8 \div \dfrac{1}{5}$
$= 8 \times \dfrac{5}{1}$ だから…。

③　$9 \div \dfrac{3}{4} =$

分数 ÷ 分数 (10)

● 計算をしましょう。（答えは仮分数のままでよい）

① $\dfrac{5}{9} \div \dfrac{2}{3} \div \dfrac{1}{7} = \dfrac{5}{9} \times \dfrac{3}{2} \times \dfrac{7}{1}$ ◁ 逆数をかける

$= \dfrac{5 \times 3 \times 7}{9 \times 2 \times 1}$ ◁ 約分

$= \dfrac{\square}{\square}$

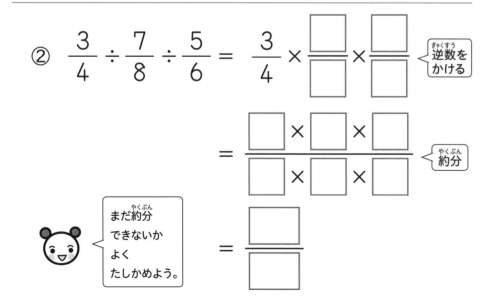

② $\dfrac{3}{4} \div \dfrac{7}{8} \div \dfrac{5}{6} = \dfrac{3}{4} \times \dfrac{\square}{\square} \times \dfrac{\square}{\square}$ ◁ 逆数をかける

$= \dfrac{\square \times \square \times \square}{\square \times \square \times \square}$ ◁ 約分

まだ約分できないかよくたしかめよう。

$= \dfrac{\square}{\square}$

③ $\dfrac{1}{6} \div 8 \div \dfrac{7}{6} = \dfrac{1}{6} \times \dfrac{1}{8} \times \dfrac{\square}{\square}$ ◁ 逆数をかける

$= \dfrac{\square \times \square \times \square}{\square \times \square \times \square}$ ◁ 約分

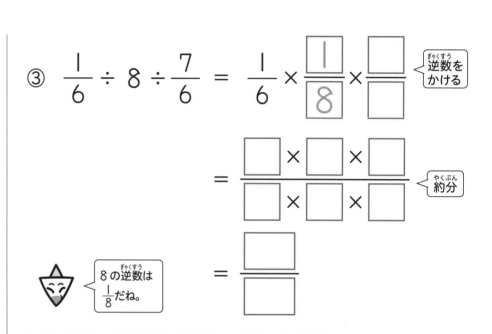

8の逆数は $\dfrac{1}{8}$ だね。

$= \dfrac{\square}{\square}$

④ $1\dfrac{2}{7} \div \dfrac{3}{5} \div 9 = \dfrac{\square}{\square} \times \dfrac{\square}{\square} \times \dfrac{\square}{\square}$ ◁ 逆数をかける

$= \dfrac{\square \times \square \times \square}{\square \times \square \times \square}$ ◁ 約分

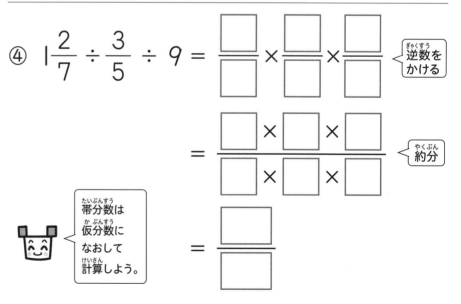

帯分数は仮分数になおして計算しよう。

$= \dfrac{\square}{\square}$

76

分数÷分数 (11)

● 次の ⑦～⑨ の商が，わられる数 8 より 大きくなるか，小さくなるかを調べましょう。

$\boxed{1 より小さい分数}$

⑦　$8 \div \dfrac{4}{5} = \boxed{}$　$\left(\begin{array}{c} 8 より \\ 大きい・小さい \end{array} \right)$

$\boxed{どちらかに〇をしよう}$

$\boxed{1 より大きい分数}$

⑦　$8 \div \dfrac{4}{3} = \boxed{}$　$\left(\begin{array}{c} 8 より \\ 大きい・小さい \end{array} \right)$

$\boxed{1 より大きい分数}$

⑨　$8 \div 2\dfrac{2}{3} = \boxed{}$　$\left(\begin{array}{c} 8 より \\ 大きい・小さい \end{array} \right)$

● 次の ⑦～⑨ の商について，あてはまる記号を □ に書きましょう。

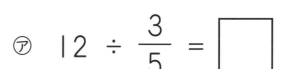

商が わられる数 12 より大きくなるもの → 〇
商が わられる数 12 より小さくなるもの → △

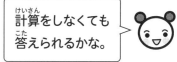

計算をしなくても 答えられるかな。

⑦　$12 \div \dfrac{3}{5} = \boxed{}$

⑦　$12 \div \dfrac{3}{2} = \boxed{}$

⑨　$12 \div 1\dfrac{1}{5} = \boxed{}$

分数のかけ算・わり算 (1)

● 計算をしましょう。（答えは仮分数のままでよい）

① $\dfrac{3}{10} \times 7 \div \dfrac{6}{5} = \dfrac{3}{10} \times \dfrac{\square}{\square} \times \dfrac{\square}{\square}$ ◁ 逆数をかける

$= \dfrac{\square \times \square \times \square}{\square \times \square \times \square}$ ◁ 約分

$= \dfrac{\square}{\square}$

② $\dfrac{9}{8} \div \dfrac{3}{2} \times 3 = \dfrac{9}{8} \times \dfrac{\square}{\square} \times 3$ ◁ 逆数をかける

$= \dfrac{\square \times \square \times \square}{\square \times \square \times \square}$ ◁ 約分

$= \dfrac{\square}{\square}$

③ $\dfrac{4}{3} \div \dfrac{6}{5} \times \dfrac{9}{10} = \dfrac{4}{3} \times \dfrac{5}{6} \times \dfrac{9}{10}$

$= \dfrac{4 \times 5 \times 9}{3 \times 6 \times 10}$ ◁ 約分

$= \boxed{1}$

答えが1になる計算だよ。
約分して答えが1になるか
やってみよう。

78

分数のかけ算・わり算 (2)

名　前

月　　日

● 1mが250円のリボンがあります。

　このリボンを $\frac{4}{5}$ m買います。

　代金はいくらになりますか。

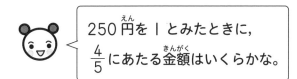
250円を1とみたときに、$\frac{4}{5}$にあたる金額はいくらかな。

式

答え

● ペンキ1dLで、$\frac{5}{9}$ m² のへいをぬることができます。

　このペンキ $2\frac{1}{4}$ dLでは、何m²のへいをぬることが

できますか。（答えは仮分数のままでよい）

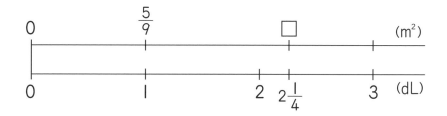
$\frac{5}{9}$ m² の $2\frac{1}{4}$ 倍が □m² だね。

式

答え

79

分数のかけ算・わり算 (3)

文章題

● $2\frac{1}{2}$ a の田から, 80 kg のお米がとれました。
1 a あたり何 kg のお米がとれたことになりますか。

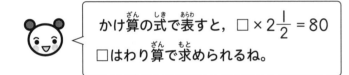
かけ算の式で表すと, $\square \times 2\frac{1}{2} = 80$
□はわり算で求められるね。

式

答え

● $1\frac{2}{3}$ m のホースの重さをはかると $\frac{5}{7}$ kg でした。
このホース 1 m の重さは何 kg ですか。

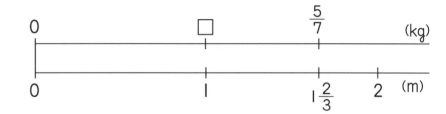

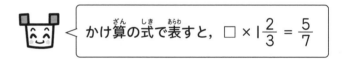
かけ算の式で表すと, $\square \times 1\frac{2}{3} = \frac{5}{7}$

式

答え

分数のかけ算・わり算 (4)

文章題

名前

月　日

● ペンキ1dLで $\frac{7}{8}$ m²のかべをぬることができます。
$1\frac{1}{2}$ m²のかべをぬるには，何dLのペンキが
いりますか。（答えは仮分数のままでよい）

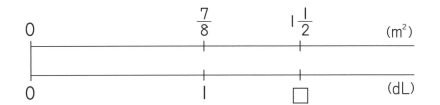

かけ算の式で表すと，$\frac{7}{8} × \square = 1\frac{1}{2}$
□はわり算で求められるね。

式

答え

● ジュースが $3\frac{3}{4}$ L あります。
1本のびんに $\frac{3}{8}$ L ずつ分けて入れます。
何本に分けることができますか。

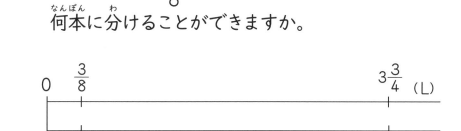

ジュース 8L を 2L ずつ分けると…，
のように整数で考えてみてもいいね。

式

答え

81

分数・小数・整数のまじった計算 (1)

● $0.3 \times \dfrac{4}{5}$ の計算をしましょう。

 分数か小数どちらかにそろえて計算しよう。

㋐ 0.3 を分数で表す

$$0.3 = \dfrac{\boxed{}}{10}$$

計算しよう

$$0.3 \times \dfrac{4}{5} = \dfrac{\boxed{}}{\boxed{}} \times \dfrac{4}{5}$$

$$= \dfrac{\boxed{} \times \boxed{}}{\boxed{} \times \boxed{}}$$

$$= \dfrac{\boxed{}}{\boxed{}}$$

$\dfrac{●}{■} = ● ÷ ■$ だったね。

㋑ $\dfrac{4}{5}$ を小数で表す

$$\dfrac{4}{5} = 4 ÷ 5$$

$$= \boxed{}$$

計算しよう

$$0.3 \times \dfrac{4}{5} = 0.3 \times \boxed{}$$

$$= \boxed{}$$

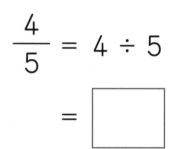

分数・小数・整数のまじった計算 (2)

● 分数にそろえて計算しましょう。

① $1.5 \div \dfrac{3}{7}$ = $\dfrac{\square}{\square} \div \dfrac{3}{7}$

$\boxed{1.5 = \dfrac{\square}{10}}$ = $\dfrac{\square}{\square} \times \dfrac{\square}{\square}$

= $\dfrac{\square \times \square}{\square \times \square}$

= $\dfrac{\square}{\square}$

$\dfrac{3}{7}$を小数にすると，$3 \div 7 = 0.4285\cdots$で
わり切れない。
小数は，どんな小数でも分数に表せるよ。

② $\dfrac{8}{9} \times 0.75$ = $\dfrac{8}{9} \times \dfrac{\square}{\square}$

$\boxed{0.75 = \dfrac{\square}{100}}$ = $\dfrac{\square \times \square}{\square \times \square}$

= $\dfrac{\square}{\square}$

③ $\dfrac{3}{5} \div 0.4$ = $\dfrac{3}{5} \div \dfrac{\square}{\square}$

$\boxed{0.4 = \dfrac{\square}{10}}$ = $\dfrac{3}{5} \times \dfrac{\square}{\square}$

= $\dfrac{\square \times \square}{\square \times \square}$ = $\dfrac{\square}{\square}$

83

分数・小数・整数のまじった計算 (3)

		名 前
月	日	

● 分数にそろえて計算しましょう。

① $\dfrac{5}{6} \times 10 \times 1.8 = \dfrac{5}{6} \times \dfrac{\Box}{\Box} \times \dfrac{\Box}{\Box}$

$= \dfrac{5 \times \Box \times \Box}{6 \times \Box \times \Box}$

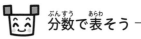

分数で表そう

$10 = \dfrac{\Box}{1}$

$1.8 = \dfrac{\Box}{10}$

$= \dfrac{\Box}{\Box}$

$= \boxed{}$

② $0.6 \div \dfrac{7}{5} \div 3 = \dfrac{\Box}{\Box} \div \dfrac{7}{5} \div \dfrac{\Box}{\Box}$

$= \dfrac{\Box}{\Box} \times \dfrac{\Box}{\Box} \times \dfrac{\Box}{\Box}$

$= \dfrac{\Box \times \Box \times \Box}{\Box \times \Box \times \Box}$

$= \dfrac{\Box}{\Box}$

分数で表そう

$0.6 = \dfrac{\Box}{\Box}$

$3 = \dfrac{\Box}{\Box}$

分数倍 (1)

● 白のリボンは $\frac{2}{3}$ m です。赤のリボンは $\frac{5}{3}$ m です。

赤のリボンの長さは，白のリボンの何倍ですか。

（答えは仮分数のままでよい）

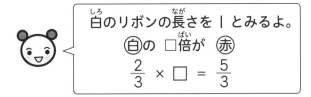

白のリボンの長さを 1 とみるよ。

�律の □倍が 赤

$\frac{2}{3} \times \square = \frac{5}{3}$

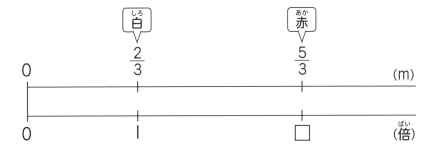

白		赤
$\frac{2}{3}$		$\frac{5}{3}$

0 ──────── (m)

0   1   □   (倍)

式 $\frac{5}{3} \div \frac{2}{3} = \boxed{}$

答え $\boxed{}$ 倍

● 青のリボンは $\frac{7}{5}$ m です。緑のリボンは $\frac{2}{5}$ m です。

緑のリボンの長さは，青のリボンの何倍ですか。

（答えは仮分数のままでよい）

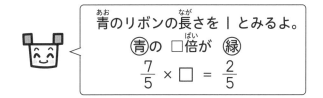

青のリボンの長さを 1 とみるよ。

青の □倍が 緑

$\frac{7}{5} \times \square = \frac{2}{5}$

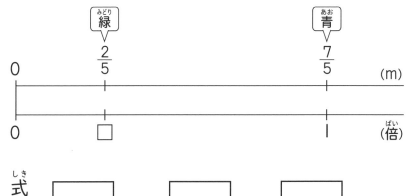

緑		青
$\frac{2}{5}$		$\frac{7}{5}$

0 ──────── (m)

0   □   1   (倍)

式 $\boxed{} \div \boxed{} = \boxed{}$

答え $\boxed{}$ 倍

分数倍 (2)

		名 前
月	日	

● 2ひきのねこの体重を比べましょう。

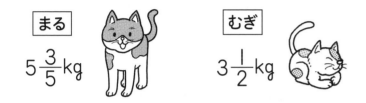

まる　5⅗kg　　むぎ　3½kg

① まるの体重は，むぎの体重の何倍ですか。

むぎの □倍が まる

$$3\frac{1}{2} \times \square = 5\frac{3}{5}$$

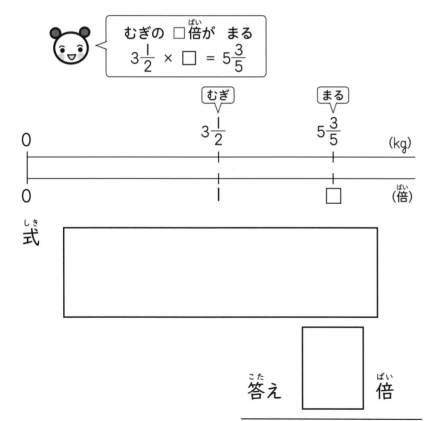

式

答え 　　　倍

② むぎの体重は，まるの体重の何倍ですか。

まるの □倍が むぎ

$$5\frac{3}{5} \times \square = 3\frac{1}{2}$$

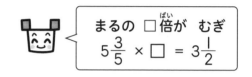

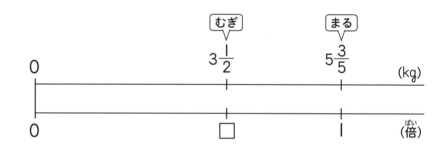

式

答え 　　　倍

86

分数倍 (3)

● 次の答えを求めましょう。(答えは仮分数のままでよい)

① $\frac{4}{7}$L を1とみると，$\frac{8}{9}$L はいくつにあたりますか。

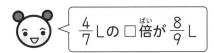
$\frac{4}{7}$L の □倍が $\frac{8}{9}$L

式

答え

② $\frac{3}{8}$cm を1とみると，$\frac{3}{4}$cm はいくつにあたりますか。

$\frac{3}{8}$cm の □倍が $\frac{3}{4}$cm

式

答え

● たいちさんの畑全体の面積は2ha です。このうち，$\frac{4}{3}$ha を耕しました。畑全体の面積を1としたとき，耕した面積はどれだけにあたりますか。

全体の面積の □倍が 耕した面積
$2 \times □ = \frac{4}{3}$

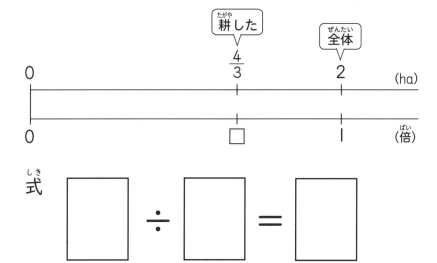

式

$\boxed{} \div \boxed{} = \boxed{}$

答え

分数倍 (4)

● プリンの値段は 450 円です。

ロールケーキの値段は，プリンの $\frac{9}{5}$ 倍です。

ロールケーキの値段は何円ですか。

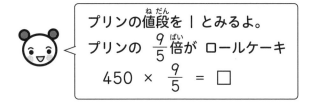

プリンの値段を 1 とみるよ。

プリンの $\frac{9}{5}$ 倍が ロールケーキ

$450 \times \frac{9}{5} = \square$

	プリン	ロールケーキ	
0	450	$\square$	(円)
0	1	$\frac{9}{5}$	(倍)

式

答え ☐ 円

● いちごケーキの値段は 600 円です。

シュークリームの値段は，いちごケーキの $\frac{3}{5}$ 倍です。

シュークリームの値段は何円ですか。

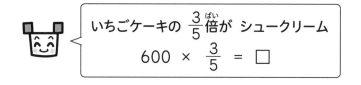

いちごケーキの $\frac{3}{5}$ 倍が シュークリーム

$600 \times \frac{3}{5} = \square$

	シュークリーム	いちご	
0	$\square$	600	(円)
0	$\frac{3}{5}$	1	(倍)

式

答え ☐ 円

名前

月　日

● ゆうきさんは，お茶を $\frac{1}{4}$ L飲みました。

これは，はじめにあった量の $\frac{1}{3}$ にあたります。

はじめにあったお茶は 何Lですか。

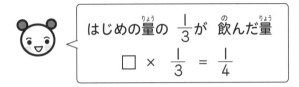

はじめの量の $\frac{1}{3}$ が 飲んだ量

$\square \times \frac{1}{3} = \frac{1}{4}$

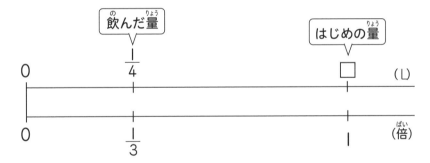

飲んだ量
$\frac{1}{4}$

はじめの量
$\square$ （L）

0

0　　$\frac{1}{3}$　　1　（倍）

式　$\dfrac{1}{4} \div \dfrac{1}{3} = \boxed{}$

答え　$\boxed{}$ L

● 6年1組で，犬が好きな人は16人です。

これは，クラス全体の人数の $\frac{4}{7}$ にあたります。

クラス全体の人数は何人ですか。

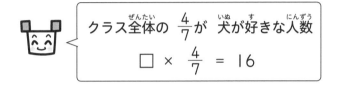

クラス全体の $\frac{4}{7}$ が 犬が好きな人数

$\square \times \frac{4}{7} = 16$

犬が好きな人数
16

クラス全体の人数
$\square$ （人）

0

0　　$\frac{4}{7}$　　1　（倍）

式

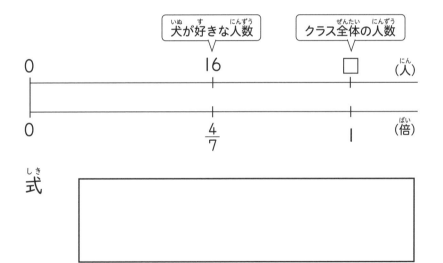

答え　$\boxed{}$ 人

P.4

線対称な図形 (1)

	名前
月 日	

● 下の図で，点線で2つにおると，ぴったり重なる図形に〇をしましょう。

⑦ （ 〇 ）

⑦ （ 〇 ）

⑦ （ 〇 ）

⑦ （ 〇 ）

⑦ （ 　 ）

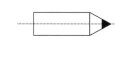

ぼくの顔は
どうかな。

4

P.5

線対称な図形 (2)

	名前
月 日	

● 下の図形について答えましょう。

図形をうすい紙などにうつし取って調べてみよう。

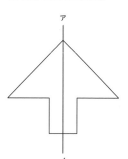

ア

イ

① 直線アイを折り目にして2つ折りにしたとき，両側がぴったり重なりますか。

（ **重なる**　重ならない ）

どちらかに〇をしよう

② □にあてはまることばを書きましょう。

左の図形のように，1本の直線アイを折り目にして折ったとき，折り目の両側がぴったり重なる図形を

線対称 な図形といいます。

また，その折り目にした直線アイを

対称の軸 といいます。

5

P.6

線対称な図形 (3)

	名前
月 日	

● 下の図は，直線アイを対称の軸とする線対称な図形です。

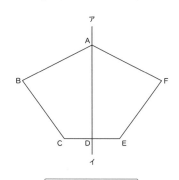

ア

A

B　　　　　　F

C　D　E

イ

① 対称の軸アイで折ったとき，点Bと重なる点はどれですか。

点 **F**

② 対称の軸アイで折ったとき，点Eと重なる点はどれですか。

点 **C**

図形をうすい紙などにうつし取って調べてみよう。

線対称な図形を対称の軸で折ったとき，重なり合う点を 対応する点 といいます。

6

P.7

線対称な図形 (4)

	名前
月 日	

● 下の図は，直線アイを対称の軸とする線対称な図形です。

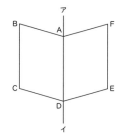

ア

B　　　A　　　F

C　　　　　　E

D

イ

① 対称の軸アイで折ったとき，次の角と重なる角はどれですか。

・角C　角 **E**

・角F　角 **B**

② 対称の軸アイで折ったとき，次の辺と重なる辺はどれですか。

・辺AB　辺 **AF**

・辺CD　辺 **ED**

・辺FE　辺 **BC**

線対称な図形を対称の軸で折ったとき，重なり合う角，重なり合う辺を対応する辺といいます。

7

90

P.8

線対称な図形（5）

名前　月　日

● 下の図は，直線アイを対称の軸とする線対称な図形です。
対応する点，対応する辺，対応する角をそれぞれ書きましょう。

> 2つ折りにしたとき，重なり合う点，辺，角はどれかな。

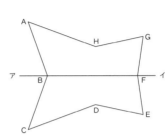

① 対応する点

・点B　点 H 　・点D　点 F

・点G　点 C

② 対応する辺

・辺BC　辺 HG 　・辺DE　辺 FE

・辺GF　辺 CD

③ 対応する角

・角C　角 G 　・角H　角 B

8

P.9

線対称な図形（6）

名前　月　日

● 下の図は，直線アイを対称の軸とする線対称な図形です。
対応する辺の長さや，対応する角の大きさをはかって調べましょう。

① 対応する 辺ABと辺CB の長さは 何cm ですか。

・辺AB 4 cm　・辺CB 4 cm

② 対応する 辺DEと辺HG の長さは 何cm ですか。

・辺DE 3.5 cm　・辺HG 3.5 cm

③ 対応する 角Aと角C の角度は 何度ですか。

・角A 50 °　・角C 50 °

④ 対応する 角Eと角G の角度は 何度ですか。

・角E 70 °　・角G 70 °

9

P.10

線対称な図形（7）

名前　月　日

● 下の図は，直線アイを対称の軸とする線対称な図形です。

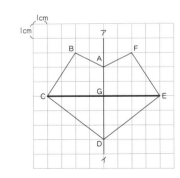

① 点Cと対応する点Eを直線で結びましょう。

② 直線CEと対称の軸アイとは，どのように交わっていますか。

垂直 に交わっている

③ 直線CGと直線EGの長さは何cmですか。

・直線CG 4 cm

・直線EG 4 cm

> 対応する点Bと点Fも直線で結び，対称の軸までの長さを比べてみよう。

10

P.11

線対称な図形（8）

名前　月　日

● 下の線対称な図形について答えましょう。

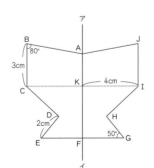

① 辺の長さを答えましょう。

・辺JI 3 cm

・辺HG 2 cm

> 線対称な図形では，対応する辺の長さや対応する角の大きさは等しかったね。

② 角の大きさを答えましょう。

・角E 50 °

・角J 80 °

③ 直線CKは何cmですか。

4 cm

11

P.12

線対称な図形 (9)

名前　月　日

● 下の2つの図形は線対称な図形です。対称の軸をひきましょう。

①
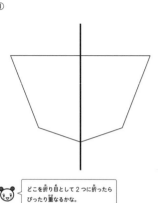

②

どこを折り目として2つに折ったらぴったり重なるかな。

P.13

線対称な図形 (10)

名前　月　日

● 下の図は，直線アイを対称の軸とする線対称な図形です。

① 対称の軸アイと直線BFはどのように交わっていますか。

**垂直**に交わっている

② 直線FGは何cmですか。

5cm

③ 点㋐に対応する点㋑をかき入れましょう。

対称の軸アイと垂直に交わるように点㋐から直線をひこう。

12

13

P.14

線対称な図形 (11)

名前　月　日

● 直線アイが対称の軸になるように，線対称な図形をかきましょう。

①
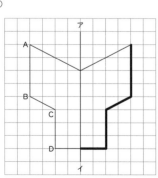

②
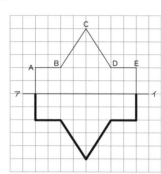

点Aに対応する点，点Bに対応する点，…と順に点をうって線でつなげよう。

P.15

線対称な図形 (12)

名前　月　日

● 直線アイが対称の軸になるように，線対称な図形をかきましょう。

①
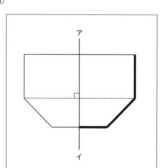

②
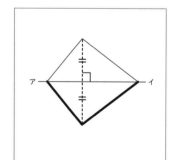

対応する2つの点を結ぶ直線は，対称の軸と垂直に交わるね。
対称の軸から対応する2つの点までの長さは等しいよ。

14

15

P.16

点対称な図形（1）

	名 前
月　日	

● 下の図で，「・」の点を中心にして180°回転すると，もとの図にぴったり重なる図形に○をしましょう。

⑦　（ ○ ）　　⑦　（ 　 ）　　⑦　（ ○ ）

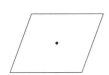

図形をうすい紙などに
うつし取って
調べてみよう。

16

P.17

点対称な図形（2）

	名 前
月　日	

● 下の図形について答えましょう。

図形をうすい紙などにうつし取って
調べてみよう。

① 「・」の点を中心にして180°回転させたとき，
　もとの図形にぴったり重なりますか。

（ 　重なる　　重ならない ）
どちらかに○をしよう

② □にあてはまることばを書きましょう。

　左の図形のように，1つの点を中心にして
180°回転させたとき，もとの形とぴったり重なる図形を

　点対称　な図形といいます。

　また，この点を　対称の中心　といいます。

17

P.18

点対称な図形（3）

	名 前
月　日	

● 下の図は，点Oを対称の中心とした点対称な図形です。

図形をうすい紙などに
うつし取って調べてみよう。

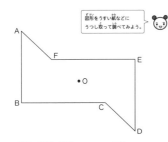

① 点Oを対称の中心として180°回転させたとき，
　次の点と重なる点はどれですか。

　・点A　　点　D

　・点B　　点　E

② 点Oを対称の中心として180°回転させたとき，
　次の辺と重なる辺はどれですか。

　・辺AB　　辺　DE

　・辺BC　　辺　EF

　・辺CD　　辺　FA

点対称な図形を，対称の中心Oで180°回転させ
たとき，もとの図形とぴったり重なる点，辺，角を
それぞれ 対応する点，対応する辺，対応する角 と
いいます。

18

P.19

点対称な図形（4）

	名 前
月　日	

● 下の図は，点Oを対称の中心とした点対称な図形です。
　対応する点，対応する辺，対応する角をそれぞれ書きましょう。

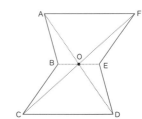

点Oを中心に180°回転
したとき，ぴったり重なる
点，辺，角はどれかな。

① 対応する点

　・点A　　点　D　　　・点C　点　F

② 対応する辺

　・辺BC　辺　EF　　　・辺CD　辺　FA

　・辺DE　辺　AB

③ 対応する角

　・角B　角　E　　　・角D　角　A

19

P.20

点対称な図形 (5)

		名 前
月	日	

● 下の点対称な図形について調べましょう。

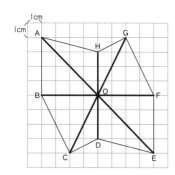

① 対応する2つの点をそれぞれ結びましょう。

対応する2つの点は
点Aと点E，点Bと点F，
点Cと点G，点Dと点Hだね。

② 対応する2つの点を結んだ直線はどこで交わりますか

対称の中心（点O） で交わる

③ 直線BOと直線FOは何cmですか。
・直線BO **4** cm
・直線FO **4** cm

④ 直線DOと直線HOの長さは等しいですか。

等しい

20

P.21

点対称な図形 (6)

		名 前
月	日	

● 下の点対称な図形について答えましょう。

① 辺FGの長さは何cmですか。

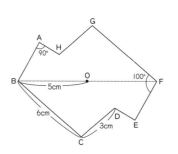

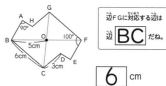
辺FGに対応する辺は
辺 **BC** だね。

6 cm

② 角Bは何度ですか。

 100 °

③ 直線FOは何cmですか。

 5 cm

21

P.22

点対称な図形 (7)

		名 前
月	日	

● 下の図は，点対称な図形です。

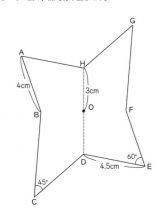

まず，対応する点，辺，角をたしかめよう。

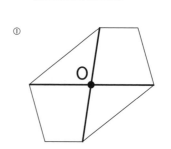

① 辺EFの長さは何cmですか。

4 cm

② 角Gは何度ですか。

45 °

③ 直線DOは何cmですか。

3 cm

④ 対称の中心Oを通る直線HDで切ってできる2つの図形は合同ですか。

合同である

22

P.23

点対称な図形 (8)

		名 前
月	日	

● 下の2つの図形は点対称な図形です。対称の中心Oをかき入れましょう。

対応する2つの点を直線で結び，対称の中心を見つけよう。

①

②

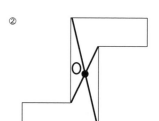

23

P.24

点対称な図形（9）

月　日　名前

● 下の平行四辺形は，点対称な図形です。

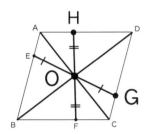

① 左の図に対称の中心 O をかき入れましょう。

対応する２つの点を直線で結び，対称の中心を見つけよう。

② 点 E に対応する点 G を左の図にかき入れましょう。

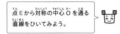
点 E から対称の中心 O を通る直線をひいてみよう。

③ 点 F に対応する点 H を左の図にかき入れましょう。

24

P.25

点対称な図形（10）

月　日　名前

● 点 O が対称の中心になるように，点対称な図形をかきましょう。

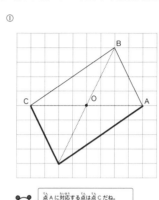

①
点 A に対応する点は点 C だね。
点 B に対応する点はどこになるかな。

②
点 A に対応する点は点 D だね。
点 B，点 C に対応する点を順にうって，線でつなげよう。

25

P.26

点対称な図形（11）

月　日　名前

● 点 O が対称の中心になるように，点対称な図形をかきましょう。

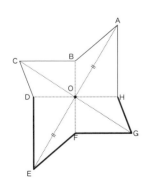

点 A，B，C，D の順にそれぞれ対応する点を見つけていこう。

❶ 点 A から点 O を通る直線をひく。
直線 AO と同じ長さのところを点 E とする。

❷ 点 B から点 O を通る直線をひく。
直線 BO と同じ長さのところを点 F とする。

❸ 点 C から点 O を通る直線をひく。
直線 CO と同じ長さのところを点 G とする。

❹ 点 D に対応する点は点 H となる。

❺ 点 D～H を順に直線で結ぶ。

26

P.27

点対称な図形（12）

月　日　名前

● 点 O が対称の中心になるように，点対称な図形をかきましょう。

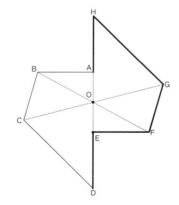

点 A，B，C，D の順にそれぞれ対応する点を見つけていこう。

❶ 点 A から点 O を通る直線をひく。
直線 AO と同じ長さのところを点 E とする。

❷ 点 B から点 O を通る直線をひく。
直線 BO と同じ長さのところを点 F とする。

❸ 点 C から点 O を通る直線をひく。
直線 CO と同じ長さのところを点 G とする。

❹ 点 D から点 O を通る直線をひく。
直線 DO と同じ長さのところを点 H とする。

❺ 点 D～H を順に直線で結び，点 H と点 A を直線で結ぶ。

27

P.28

多角形と対称（1）

月　日　名前

● 下の四角形は，線対称な図形ですか。線対称であれば，対称の軸をすべてかき入れましょう。

正方形

（ 線対称である　線対称でない ）

どちらかに○をしよう

平行四辺形

（ 線対称である　線対称でない ）

ひし形

（ 線対称である　線対称でない ）

長方形

（ 線対称である　線対称でない ）

台形

（ 線対称である　線対称でない ）

正方形は，対称の軸が４本だね。

28

P.29

多角形と対称（2）

月　日　名前

● 下の四角形は，点対称な図形ですか。点対称であれば，対称の中心をかき入れましょう。

正方形

（ 点対称である　点対称でない ）

どちらかに○をしよう

平行四辺形

（ 点対称である　点対称でない ）

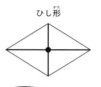

ひし形

（ 点対称である　点対称でない ）

長方形

（ 点対称である　点対称でない ）

台形

（ 点対称である　点対称でない ）

29

P.30

多角形と対称（3）

月　日　名前

● 下の三角形について，線対称な図形か点対称な図形かを調べて，○をしましょう。

① 線対称であれば，対称の軸をすべてかき入れましょう。

② 点対称であれば，対称の中心をかき入れましょう。

三角形を180°回転させると…。

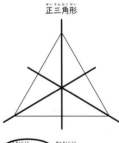

正三角形

（ 線対称である　線対称でない ）

（ 点対称である　点対称でない ）

二等辺三角形

（ 線対称である　線対称でない ）

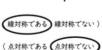
（ 点対称である　点対称でない ）

直角三角形

（ 線対称である　線対称でない ）

（ 点対称である　点対称でない ）

30

P.31

多角形と対称（4）

月　日　名前

● 下の正多角形について，線対称な図形か点対称な図形かを調べて，○をしましょう。

① 線対称であれば，対称の軸をすべてかき入れましょう。

② 点対称であれば，対称の中心をかき入れましょう。

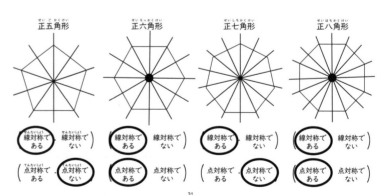

正五角形

（ 線対称である　線対称でない ）

（ 点対称である　点対称でない ）

正六角形

（ 線対称である　線対称でない ）

（ 点対称である　点対称でない ）

正七角形

（ 線対称である　線対称でない ）

（ 点対称である　点対称でない ）

正八角形

（ 線対称である　線対称でない ）

（ 点対称である　点対称でない ）

31

P.32

多角形と対称 (5)

月	日	名前

● 円について，次の文が正しければ○を，まちがっていれば×を書きましょう。

① 円は，線対称な図形です。　（○）

② 円は，点対称な図形です。　（○）

③ 対称の軸の数は，無数にあります。（○）

● 正多角形と円について，表にまとめましょう。

	線対称 ○×	対称の軸の数	点対称 ○×
正三角形 △	○	3	×
正方形 □	○	4	○
正五角形 ⬠	○	5	×
正六角形 ⬡	○	6	○
正七角形	○	7	×
正八角形	○	8	○
円	○	無数	○

P.33

文字と式 (1)

月	日	名前

● １本 50 円のえん筆を何本か買ったときの，代金を表す式を考えましょう。

① えん筆の数が１本，２本，３本，…のときの，代金を表す式を書きましょう。

	1本のねだん		本数
１本 のとき	50	×	1
２本 のとき	50	×	2
３本 のとき	50	×	3
４本 のとき	50	×	4
５本 のとき	50	×	5

変わらない数　　変わる数

② いろいろと変わる数をＸとして１つの式にまとめましょう。

$$50 \times x$$

③ えん筆の数が 10 本のときの代金を 50×Ｘの式を使って求めましょう。

式
$$50 \times 10 = 500$$
答え 500 円

■ 練習しましょう。

① x	② x	x	x	x	x

P.34

文字と式 (2)

月	日	名前

● たての長さが３cm のテープの面積を表す式を考えましょう。　3cm

① テープの横の長さが１cm，２cm，３cm，…のときの面積を表す式を書きましょう。

	たての長さ		横の長さ
１cm のとき	3	×	1
２cm のとき	3	×	2
３cm のとき	3	×	3
４cm のとき	3	×	4
⋮	⋮		⋮

② ①の式で，いつも変わらない数は何ですか。

たての長さ

③ ①の式で，いろいろと変わる数は何ですか。

横の長さ

④ いろいろと変わる数をＸとして１つの式にまとめましょう。

3×x

⑤ 横の長さが８cm のときのテープの面積を求めましょう。

Ｘを使った式にあてはめてみよう。

式
$$3 \times 8 = 24$$
答え 24 cm²

P.35

文字と式 (3)

月	日	名前

● １個 Ｘ 円のあめを 10 個買います。

① １個 Ｘ 円のあめを 10 個買ったときの代金を表す式を書きましょう。

1個のねだん		個数
x	×	10

② Ｘ（１個のねだん）が 30 と 50 のときの代金をそれぞれ求めましょう。

①の式にあてはめてみよう。

Ｘが30　式
$$30 \times 10 = 300$$
答え 300円

Ｘが50　式
$$50 \times 10 = 500$$
答え 500円

● 24 個のみかんを Ｘ 人で分けます。

① 24 個のみかんを Ｘ 人で分けたときの１人分の数を表す式を書きましょう。

みかんの数		人数
24	÷	x

② Ｘ（人数）が ４ と ８ のときの１人分の数をそれぞれ求めましょう。

①の式にあてはめてみよう。

Ｘが4　式
$$24 \div 4 = 6$$
答え 6個

Ｘが8　式
$$24 \div 8 = 3$$
答え 3個

解答

児童に実施させる前に，必ず指導される方が問題を解いてください。本書の解答は，あくまでも１つの例です。指導される方の作られた解答をもとに，本書の解答例を参考に児童の多様な考えに寄り添って○つけをお願いします。

P.36

文字と式 (4)

月	日	名前

● 横の長さが５cmの長方形の，たての長さと面積の関係を表す式を考えましょう。

① たての長さが１cm，2cm，3cm，4cm，…のときの，面積を求める式を書きましょう。

たての長さ		横の長さ		面積

1cmのとき　$1 \times 5 = 5$ (cm²)

2cmのとき　$2 \times 5 = \boxed{10}$ (cm²)

3cmのとき　$\boxed{3} \times \boxed{5} = \boxed{15}$ (cm²)

4cmのとき　$\boxed{4} \times \boxed{5} = \boxed{20}$ (cm²)

⋮

上の式でいつも変わらないのは横の長さだね。

② たての長さを$x$cm，面積を$y$cm²として１つの式にまとめましょう。

たての長さ		横の長さ		面積

$$\boxed{x} \times 5 = \boxed{y}$$

③ x (たての長さ) が７のときの面積を $x \times 5 = y$ の式を使って求めましょう。

式　$\boxed{7 \times 5 = 35}$

答え　$\boxed{35}$ cm²

■ 練習しましょう。

① y ② y ③ y y y y

P.37

文字と式 (5)

月	日	名前

● １個20円のチョコレートを何個か買います。

① 買う個数をx個，その代金をy円として，xとyの関係を式に表しましょう。

チョコレートを３個買うとしたら，１個のねだん　個数　代金
$20 \times 3 = 60$

１個のねだん		個数		代金

$$\boxed{20} \times \boxed{x} = \boxed{y}$$

② ①の式で，x (個数) が10のときのyの表す数を求めましょう。

式　$\boxed{20 \times 10 = 200}$

答え　$\boxed{200}$

③ ①の式で，xの値が６のとき，対応するyの値を求めましょう。

①の式にあてはめてみよう。

式　$\boxed{20 \times 6 = 120}$

答え　$\boxed{120}$

④ ①の式で，xの値が８のとき，対応するyの値を求めましょう。

式　$\boxed{20 \times 8 = 160}$

答え　$\boxed{160}$

P.38

文字と式 (6)

月	日	名前

● １個100円のクッキーを何個か150円の箱に入れて買います。

① 買う個数をx個，全部の代金をy円として，xとyの関係を式に表しましょう。

クッキーを５個買うとしたら，１個のねだん　個数　箱のねだん　代金
$100 \times 5 + 150 = 650$

１個のねだん		個数		箱のねだん		代金

$$\boxed{100} \times \boxed{x} + \boxed{150} = \boxed{y}$$

② ①の式で，xの値を6，7，8，…としたとき，それぞれに対応するyの値を表に書きましょう。

x(個)	5	6	7	8
y(円)	650	750	850	950

①の式にあてはめて計算しよう。

③ yの値が1050になるときの，xの値を求めましょう。

xの値は $\boxed{9}$

P.39

文字と式 (7)

月	日	名前

● 高さが６cmの平行四辺形があります。

① 底辺を$x$cm，面積を$y$cm²として，xとyの関係を式に表しましょう。

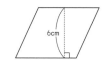

6cm

平行四辺形の面積の公式は
底辺 × 高さ

底辺		高さ		面積

$$\boxed{x} \times \boxed{6} = \boxed{y}$$

② ①の式で，xの値を3，3.5，4，4.5，…としたとき，それぞれに対応するyの値を表に書きましょう。

xの値が小数になることもあるよ。

x(cm)	3	3.5	4	4.5
y(cm²)	18	21	24	27

③ yの値が48になるときの，xの値を求めましょう。

xの値は $\boxed{8}$

P.40

文字と式 (8)

	名前
月　日	

● 次の場面で，x と y の関係を式に表しましょう。

① カードを 20 枚持っていました。
妹に x 枚あげました。
残りは y 枚になりました。

$$\boxed{20} - \boxed{x} = \boxed{y}$$

② ジュースが 2.5 L あります。
x 人で同じ量ずつ分けます。
1 人分は y L です。

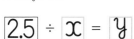

$$\boxed{2.5} \div \boxed{x} = \boxed{y}$$

③ 直径が x cm の円の円周の長さは y cm です。

円周の長さを求める公式は直径 × 3.14 だね。

$$\boxed{x} \times \boxed{3.14} = \boxed{y}$$

④ 280 円のハンバーガーと
x 円のジュースを買うと，
代金は y 円です。

$$\boxed{280} + \boxed{x} = \boxed{y}$$

40

P.41

文字と式 (9)

	名前
月　日	

● 次の①〜③の式で表される場面を，右の⑦〜⑦から選んで線で結びましょう。

① $8 + x = y$

② $8 \div x = y$

③ $8 \times x = y$

⑦ 8 m のテープを同じ長さずつ
x 本に分けます。
1 本の長さは y m になります。

④ りくさんは 1 日に公園を
8 周走ります。x 日走ると，
全部で y 周走ることになります。

⑦ 8 kg の犬がいます。
この犬を x kg のケージに入れると
あわせて y kg になります。

41

P.42

文字と式 (10)

	名前
月　日	

● わからない数を x を使って式に表し，答えを求めましょう。

1 個 150 円のシュークリームを 3 個と，
ショートケーキを 1 個買うと，代金は 950 円でした。

 わからない数は，ショートケーキの 1 個のねだんだね。

① x を使った式に表しましょう。

$$150 \times 3 + \boxed{x} = \boxed{950}$$

② x（ショートケーキ 1 個のねだん）を求めましょう。

式
$$150 \times 3 + x = 950$$
$$450 + x = 950$$
$$x = 950 - 450$$
$$x = 500$$

答え $\boxed{500}$ 円

りんごが何個かありました。
3 人で等分すると，1 人分は 4 個でした。

 わからない数は，はじめのりんごの数だね。

① x を使った式に表しましょう。

$$\boxed{x} \div \boxed{3} = \boxed{4}$$

② x（はじめのりんごの数）を求めましょう。

式
$$x \div 3 = 4$$
$$x = 12$$

答え $\boxed{12}$ 個

42

P.43

分数×整数 (1)

	名前
月　日	

1 dL で，かべを $\frac{3}{5}$ m² ぬれるペンキがあります。
このペンキ 2 dL では，かべを何 m² ぬれますか。

① 式を書きましょう。

$$\frac{\boxed{3}}{\boxed{5}} \times \boxed{2}$$

② 2 dL でぬれる面積に色をぬりましょう。

2 dL でぬれる面積は何 m² かな。
$\frac{1}{5}$ m² が（3×2）個

③ 計算をしましょう。

式
$$\frac{3}{5} \times 2 = \frac{3 \times 2}{5}$$
$$= \frac{\boxed{6}}{5}$$

答え $\frac{6}{5}$ m²

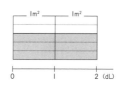

43

P.44

分数×整数 (2)

名前　月　日

1dLで，かべを $\frac{2}{7}$ m² ぬれるペンキがあります。
このペンキ 3dL では，かべを何 m² ぬれますか。

① 式を書きましょう。

$$\frac{2}{7} \times 3$$

② 3dLでぬれる面積に色をぬりましょう。

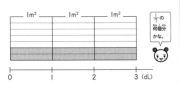

$\frac{1}{7}$ の何個分かな。

③ 計算をしましょう。

式　$\frac{2}{7} \times 3 = \frac{2 \times 3}{7}$

$= \frac{6}{7}$

答え　$\frac{6}{7}$ m²

分数に整数をかける計算では，分母はそのままにして，分子に整数をかけます。

$$\frac{●}{■} \times ▲ = \frac{● \times ▲}{■}$$

44

P.45

分数×整数 (3)　約分なし

名前　月　日

● 計算をしましょう。（答えは仮分数のままでよい）

$$\frac{●}{■} \times ▲ = \frac{● \times ▲}{■}$$

① $\frac{1}{6} \times 5 = \frac{1 \times 5}{6}$

$= \frac{5}{6}$

② $\frac{4}{9} \times 2 = \frac{4 \times 2}{9}$

$= \frac{8}{9}$

③ $\frac{5}{8} \times 3 = \frac{5 \times 3}{8}$

$= \frac{15}{8}$

④ $\frac{2}{11} \times 4 = \frac{2 \times 4}{11}$

$= \frac{8}{11}$

⑤ $\frac{3}{2} \times 3 = \frac{3 \times 3}{2}$

$= \frac{9}{2}$

45

P.46

分数×整数 (4)　約分あり

名前　月　日

● 計算をしましょう。（答えは仮分数のままでよい）

① $\frac{3}{4} \times 2 = \frac{3 \times \overset{1}{2}}{\underset{2}{4}}$

$= \frac{3}{2}$

約分ができるときは，計算のとちゅうで約分してから計算しよう。

② $\frac{2}{5} \times 5 = \frac{2 \times \overset{1}{5}}{\underset{1}{5}}$　←約分

$= \frac{2}{1}$

$= 2$　←整数

答えが整数にできるときは，必ず整数にしよう。

③ $\frac{5}{8} \times 4 = \frac{5 \times \overset{1}{4}}{\underset{2}{8}}$　←約分

$= \frac{5}{2}$

④ $\frac{2}{9} \times 3 = \frac{2 \times \overset{1}{3}}{\underset{3}{9}}$　←約分

$= \frac{2}{3}$

⑤ $\frac{4}{3} \times 6 = \frac{4 \times \overset{2}{6}}{\underset{1}{3}}$　←約分

$= \frac{8}{1}$

$= 8$　←整数

46

P.47

分数×整数 (5)　約分あり

名前　月　日

● 計算をしましょう。（答えは仮分数のままでよい）

① $\frac{7}{10} \times 5 = \frac{7 \times \overset{1}{5}}{\underset{2}{10}}$　約分をわすれずにしよう。

$= \frac{7}{2}$

② $\frac{5}{6} \times 3 = \frac{5 \times \overset{1}{3}}{\underset{2}{6}}$　←約分

$= \frac{5}{2}$

③ $\frac{3}{8} \times 6 = \frac{3 \times \overset{3}{6}}{\underset{4}{8}}$　←約分

$= \frac{9}{4}$

④ $\frac{2}{7} \times 14 = \frac{2 \times \overset{2}{14}}{\underset{1}{7}}$　←約分

$= \frac{4}{1}$

$= 4$　←整数

⑤ $\frac{9}{2} \times 10 = \frac{9 \times \overset{5}{10}}{\underset{1}{2}}$　←約分

$= \frac{45}{1}$

$= 45$　←整数

47

P.48

分数÷整数 (1)

月	日	名 前

2dLで，かべを $\frac{1}{3}$ m² ぬれるペンキがあります。
このペンキ１dLでは，かべを何 m² ぬれますか。

① 式を書きましょう。

$$\frac{1}{3} \div 2$$

② １dLでぬれる面積に色をぬりましょう。

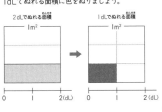

2dLでぬれる面積 → 1dLでぬれる面積

1dLでぬれる面積は何 m² かな。

③ 計算をしましょう。

式 $\frac{1}{3} \div 2 = \frac{1}{3 \times 2}$

$$= \frac{1}{6}$$

答え $\frac{1}{6}$ m²

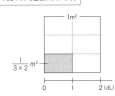

48

P.49

分数÷整数 (2)

月	日	名 前

3dLで，かべを $\frac{4}{5}$ m² ぬれるペンキがあります。
このペンキ１dLでは，かべを何 m² ぬれますか。

① 式を書きましょう。

$$\frac{4}{5} \div 3$$

② １dLでぬれる面積に色をぬりましょう。

3dLでぬれる面積 → 1dLでぬれる面積

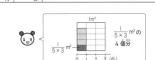

$\frac{1}{5 \times 3}$ m² の 4 個分

③ 計算をしましょう。

式 $\frac{4}{5} \div 3 = \frac{4}{5 \times 3}$

$$= \frac{4}{15}$$

答え $\frac{4}{15}$ m²

分数を整数でわる計算では，分子は
そのままにして，分母に整数をかけます。

$$\frac{\bullet}{\blacksquare} \div \blacktriangle = \frac{\bullet}{\blacksquare \times \blacktriangle}$$

49

P.50

分数÷整数 (3)　　約分なし

月	日	名 前

● 計算をしましょう。

$$\frac{\bullet}{\blacksquare} \div \blacktriangle = \frac{\bullet}{\blacksquare \times \blacktriangle}$$

① $\frac{3}{4} \div 2 = \frac{3}{4 \times 2}$

$$= \frac{3}{8}$$

② $\frac{5}{7} \div 4 = \frac{5}{7 \times 4}$

$$= \frac{5}{28}$$

③ $\frac{5}{3} \div 3 = \frac{5}{3 \times 3}$

$$= \frac{5}{9}$$

④ $\frac{4}{9} \div 5 = \frac{4}{9 \times 5}$

$$= \frac{4}{45}$$

⑤ $\frac{7}{2} \div 4 = \frac{7}{2 \times 4}$

$$= \frac{7}{8}$$

50

P.51

分数÷整数 (4)　　約分あり

月	日	名 前

● 計算をしましょう。

① $\frac{4}{7} \div 6 = \frac{\overset{2}{\cancel{4}}}{7 \times \underset{3}{\cancel{6}}}$ 　約分をしよう

$$= \frac{2}{21}$$

② $\frac{3}{8} \div 9 = \frac{\overset{1}{\cancel{3}}}{8 \times \underset{3}{\cancel{9}}}$ 　約分

$$= \frac{1}{24}$$

これ以上約分できないかたしかめてね。

③ $\frac{5}{3} \div 10 = \frac{\overset{1}{\cancel{5}}}{3 \times \underset{2}{\cancel{10}}}$ 　約分

$$= \frac{1}{6}$$

④ $\frac{4}{5} \div 4 = \frac{\overset{1}{\cancel{4}}}{5 \times \underset{1}{\cancel{4}}}$ 　約分

$$= \frac{1}{5}$$

⑤ $\frac{6}{7} \div 15 = \frac{\overset{2}{\cancel{6}}}{7 \times \underset{5}{\cancel{15}}}$ 　約分

$$= \frac{2}{35}$$

51

P.52

分数÷整数 (5)　約分あり

● 計算をしましょう。（答えは仮分数のままでよい）

① $\dfrac{9}{4} \div 6 = \dfrac{\cancel{9}^3}{4 \times \cancel{6}_2}$

$= \dfrac{3}{8}$

約分をわすれずにしましょう。

② $\dfrac{5}{9} \div 15 = \dfrac{\cancel{5}^1}{9 \times \cancel{15}_3}$　約分

$= \dfrac{1}{27}$

③ $\dfrac{16}{3} \div 4 = \dfrac{\cancel{16}^4}{3 \times \cancel{4}_1}$　約分

$= \dfrac{4}{3}$

④ $\dfrac{21}{2} \div 28 = \dfrac{\cancel{21}^3}{2 \times \cancel{28}_4}$　約分

$= \dfrac{3}{8}$

⑤ $\dfrac{25}{8} \div 20 = \dfrac{\cancel{25}^5}{8 \times \cancel{20}_4}$　約分

$= \dfrac{5}{32}$

これ以上約分できないかたしかめよう。

52

P.53

分数×分数 (1)

1dLで，かべを $\dfrac{4}{5}$ m² ぬれるペンキがあります。
このペンキ $\dfrac{2}{3}$ dLでは，かべを何m²ぬれますか。

① 式を書きましょう。

$$\dfrac{4}{5} \times \dfrac{2}{3}$$

② $\dfrac{2}{3}$ dLでぬれる面積に色をぬりましょう。

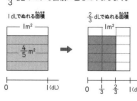

1dLでぬれる面積　$\dfrac{4}{5}$ m²　→　$\dfrac{2}{3}$ dLでぬれる面積

$\dfrac{2}{3}$ dLでぬれる面積は何 m² かな。

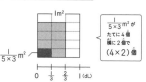

$\dfrac{1}{5 \times 3}$ m² がたてに4個，積に2個で(4×2)個

③ 計算をしましょう。

式 $\dfrac{4}{5} \times \dfrac{2}{3} = \dfrac{4 \times 2}{5 \times 3}$

$= \dfrac{8}{15}$

答え $\dfrac{8}{15}$ m²

53

P.54

分数×分数 (2)

1dLで，かべを $\dfrac{5}{7}$ m² ぬれるペンキがあります。
このペンキ $\dfrac{1}{3}$ dLでは，かべを何m²ぬれますか。

① 式を書きましょう。

$$\dfrac{5}{7} \times \dfrac{1}{3}$$

② $\dfrac{1}{3}$ dLでぬれる面積に色をぬりましょう。

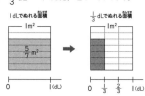

1dLでぬれる面積　$\dfrac{5}{7}$ m²　→　$\dfrac{1}{3}$ dLでぬれる面積

$\dfrac{1}{7 \times 3}$ m² が(5×1)個

③ 計算をしましょう。

式 $\dfrac{5}{7} \times \dfrac{1}{3} = \dfrac{5 \times 1}{7 \times 3}$

$= \dfrac{5}{21}$

答え $\dfrac{5}{21}$ m²

分数に分数をかける計算では，分母どうし，分子どうしをかけます。

$$\dfrac{\bullet}{\blacksquare} \times \dfrac{\bigstar}{\blacktriangle} = \dfrac{\bullet \times \bigstar}{\blacksquare \times \blacktriangle}$$

54

P.55

分数×分数 (3)　約分なし

● 計算をしましょう。（答えは仮分数のままでよい）

$\dfrac{\bullet}{\blacksquare} \times \dfrac{\bigstar}{\blacktriangle} = \dfrac{\bullet \times \bigstar}{\blacksquare \times \blacktriangle}$

① $\dfrac{3}{8} \times \dfrac{1}{5} = \dfrac{3 \times 1}{8 \times 5}$

$= \dfrac{3}{40}$

② $\dfrac{7}{4} \times \dfrac{3}{2} = \dfrac{7 \times 3}{4 \times 2}$

$= \dfrac{21}{8}$

③ $\dfrac{2}{9} \times \dfrac{5}{3} = \dfrac{2 \times 5}{9 \times 3}$

$= \dfrac{10}{27}$

④ $\dfrac{2}{7} \times \dfrac{5}{7} = \dfrac{2 \times 5}{7 \times 7}$

$= \dfrac{10}{49}$

⑤ $\dfrac{7}{9} \times \dfrac{2}{5} = \dfrac{7 \times 2}{9 \times 5}$

$= \dfrac{14}{45}$

55

児童に実施させる前に，必ず指導される方が問題を解いてください。本書の解答は，あくまでも１つの例です。指導される方の作られた解答をもとに，本書の解答例を参考に児童の多様な考えに寄り添って○つけをお願いします。 **解答**

P.56

分数×分数（4）　約分あり（1組）

● 計算をしましょう。

① $\dfrac{4}{5} \times \dfrac{3}{8} = \dfrac{4 \times 3}{5 \times 8}$

$= \dfrac{3}{10}$

（$\dfrac{4 \times 3}{5 \times 8}$　4と8が約分できるね。）

② $\dfrac{2}{9} \times \dfrac{6}{7} = \dfrac{2 \times 6}{3 \times 9 \times 7}$ ←約分

$= \dfrac{4}{21}$

（$\dfrac{2 \times 6}{9 \times 7}$　6と9が約分できるね。）

③ $\dfrac{3}{10} \times \dfrac{5}{11} = \dfrac{3 \times 5}{10 \times 11}$ ←約分

$= \dfrac{3}{22}$

④ $\dfrac{12}{7} \times \dfrac{4}{15} = \dfrac{12 \times 4}{7 \times 15}$ ←約分

$= \dfrac{16}{35}$

P.57

分数×分数（5）　約分あり（2組）

● 計算をしましょう。

① $\dfrac{5}{6} \times \dfrac{2}{15} = \dfrac{5 \times 2}{6 \times 15}$

$= \dfrac{1}{9}$

（$\dfrac{5 \times 2}{6 \times 15}$　5と15, 2と6がそれぞれ約分できるね。）

② $\dfrac{8}{9} \times \dfrac{3}{8} = \dfrac{8 \times 3}{9 \times 8}$

$= \dfrac{1}{3}$

（$\dfrac{8 \times 3}{9 \times 8}$　8と8, 3と9が約分できるね。）

③ $\dfrac{9}{2} \times \dfrac{10}{3} = \dfrac{9 \times 10}{2 \times 3}$

$= \dfrac{15}{1}$

$= 15$ ←整数

（$\dfrac{9 \times 10}{2 \times 3}$　9と3, 10と2が約分できるね。）

④ $\dfrac{3}{20} \times \dfrac{8}{15} = \dfrac{3 \times 8}{20 \times 15}$

$= \dfrac{2}{25}$

（$\dfrac{3 \times 8}{20 \times 15}$　3と15, 8と20が約分できるね。）

P.58

分数×分数（6）　約分あり（2組）

● 計算をしましょう。

① $\dfrac{3}{4} \times \dfrac{8}{9} = \dfrac{3 \times 8}{4 \times 9}$ ←約分

$= \dfrac{2}{3}$

（$\dfrac{3 \times 8}{4 \times 9}$　ななめ向かいの数を見て約分できるかたしかめよう。）

② $\dfrac{16}{5} \times \dfrac{15}{4} = \dfrac{16 \times 15}{5 \times 4}$ ←約分

$= \dfrac{12}{1}$

$= 12$ ←整数

③ $\dfrac{4}{7} \times \dfrac{7}{10} = \dfrac{4 \times 7}{7 \times 10}$ ←約分

$= \dfrac{2}{5}$

④ $\dfrac{6}{25} \times \dfrac{10}{9} = \dfrac{6 \times 10}{25 \times 9}$ ←約分

$= \dfrac{4}{15}$

P.59

分数×分数（7）　帯分数のかけ算

● 計算をしましょう。（答えは仮分数のままでよい）

① $1\dfrac{2}{3} \times \dfrac{1}{4} = \dfrac{5}{3} \times \dfrac{1}{4}$ ←仮分数

$= \dfrac{5 \times 1}{3 \times 4}$

$= \dfrac{5}{12}$

（帯分数は仮分数になおして計算しよう。）

② $2\dfrac{1}{2} \times \dfrac{3}{5} = \dfrac{5}{2} \times \dfrac{3}{5}$ ←仮分数

$= \dfrac{5 \times 3}{2 \times 5}$ ←約分

$= \dfrac{3}{2}$

③ $1\dfrac{3}{7} \times \dfrac{9}{10} = \dfrac{10}{7} \times \dfrac{9}{10}$ ←仮分数

$= \dfrac{10 \times 9}{7 \times 10}$ ←約分

$= \dfrac{9}{7}$

④ $3\dfrac{1}{2} \times \dfrac{6}{7} = \dfrac{7}{2} \times \dfrac{6}{7}$ ←仮分数

$= \dfrac{7 \times 6}{2 \times 7}$ ←約分

$= \dfrac{3}{1} = 3$ ←整数

P.60

分数×分数 (8) 　帯分数のかけ算

名前　月　日

● 計算をしましょう。（答えは仮分数のままでよい）

① $1\frac{2}{5} \times 1\frac{1}{3} = \frac{7}{5} \times \frac{4}{3}$ ←仮分数

帯分数は仮分数になおして計算しよう。

$= \frac{7 \times 4}{5 \times 3}$

$= \frac{28}{15}$

② $2\frac{1}{4} \times 1\frac{2}{3} = \frac{9}{4} \times \frac{5}{3}$ ←仮分数

$= \frac{\overset{3}{\cancel{9}} \times 5}{4 \times \cancel{3}_{1}}$ ←約分

$= \frac{15}{4}$

③ $3\frac{1}{2} \times 1\frac{3}{7} = \frac{7}{2} \times \frac{10}{7}$ ←仮分数

$= \frac{\cancel{7} \times \overset{5}{\cancel{10}}}{\cancel{2} \times \cancel{7}}$ ←約分

$= \frac{5}{1}$

$= 5$ ←整数

60

P.61

分数×分数 (9) 　整数×分数

名前　月　日

● $5 \times \frac{3}{4}$ を計算しましょう。（答えは仮分数のままでよい）

㋐ $5 \times \frac{3}{4} = \frac{5}{1} \times \frac{3}{4}$

5は，$\frac{5}{1}$ だね。

$= \frac{5 \times 3}{1 \times 4}$

$= \frac{15}{4}$

㋑ $5 \times \frac{3}{4} = \frac{5 \times 3}{4}$

$= \frac{15}{4}$

㋐，㋑どちらでも計算できるね。

● 計算をしましょう。（答えは仮分数のままでよい）

① $8 \times \frac{5}{6} = \frac{\overset{4}{\cancel{8}} \times 5}{\cancel{6}_{3}}$ ←約分も忘れずに。

$= \frac{20}{3}$

② $4 \times \frac{3}{10} = \frac{\overset{2}{\cancel{4}} \times 3}{\cancel{10}_{5}}$

$= \frac{6}{5}$

③ $9 \times \frac{2}{3} = \frac{\overset{3}{\cancel{9}} \times 2}{\cancel{3}_{1}}$

$= \frac{6}{1}$

$= 6$

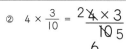

61

P.62

分数×分数 (10)

名前　月　日

● 計算をしましょう。（答えは仮分数のままでよい）

① $\frac{1}{2} \times \frac{3}{4} \times \frac{5}{7} = \frac{1 \times 3 \times 5}{2 \times 4 \times 7}$

分母どうし，分子どうしをまとめて計算するよ。

$= \frac{15}{56}$

② $\frac{2}{3} \times \frac{1}{5} \times \frac{7}{4} = \frac{\cancel{2} \times 1 \times 7}{3 \times 5 \times \cancel{4}_{2}}$ ←約分

約分できる組み合わせがあるか，分母と分子の数をよく見てみよう。

$= \frac{7}{30}$

③ $\frac{5}{9} \times 6 \times \frac{2}{5} = \frac{5}{9} \times \frac{6}{1} \times \frac{2}{5}$

$= \frac{\cancel{5} \times \cancel{6}^{2} \times 2}{\cancel{9}_{3} \times 1 \times \cancel{5}_{1}}$ ←約分

約分できる数が2組あるよ。

$= \frac{4}{3}$

④ $2\frac{1}{4} \times \frac{8}{3} \times 5 = \frac{9}{4} \times \frac{8}{3} \times \frac{5}{1}$

$= \frac{\overset{3}{\cancel{9}} \times \overset{2}{\cancel{8}} \times 5}{\cancel{4} \times \cancel{3}_{1}}$ ←約分

$= \frac{30}{1}$

$= 30$ ←整数

62

P.63

分数×分数 (11)

名前　月　日

● 次の㋐～㋒の積が，かけられる数12より大きくなるか，小さくなるかを調べましょう。

㋐ $12 \times \frac{3}{4} = \boxed{9}$ （12より 大きい ⟨小さい⟩）

1より小さい分数

どちらかに○をしよう

㋑ $12 \times \frac{4}{3} = \boxed{16}$ （12より ⟨大きい⟩ 小さい）

1より大きい分数

㋒ $12 \times 1\frac{2}{3} = \boxed{20}$ （12より ⟨大きい⟩ 小さい）

1より大きい分数

● 次の㋐～㋒の積について，あてはまる記号を□に書きましょう。

積がかけられる数15より大きくなるもの → ○
積がかけられる数15より小さくなるもの → △

計算をしなくても答えられるかな。

㋐ $15 \times \frac{4}{5}$ 　△

㋑ $15 \times 2\frac{1}{5}$ 　○

㋒ $15 \times \frac{8}{5}$ 　○

63

P.64

分数×分数（12）

月　日　名前

● 下の㋐，㋑の面積を求めましょう。

㋐ 長方形

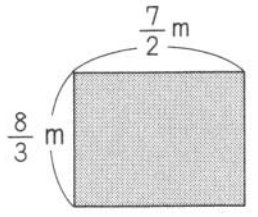

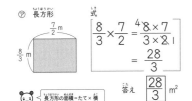

式 $\frac{8}{3}\times\frac{7}{2}=\frac{\overset{4}{\cancel{8}}\times 7}{3\times\underset{1}{\cancel{2}}}=\frac{28}{3}$

長方形の面積＝たて×横

答え $\frac{28}{3}$ m²

㋑ 正方形

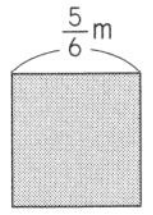

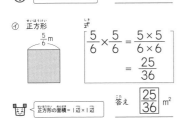

式 $\frac{5}{6}\times\frac{5}{6}=\frac{5\times 5}{6\times 6}=\frac{25}{36}$

正方形の面積＝１辺×１辺

答え $\frac{25}{36}$ m²

● 下の直方体の体積を求めましょう。

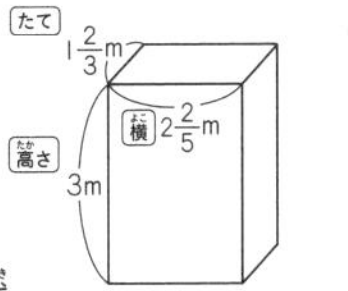

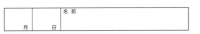

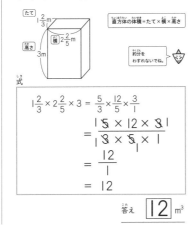

直方体の体積＝たて×横×高さ

約分をわすれないでね。

式 $1\frac{2}{3}\times 2\frac{2}{5}\times 3=\frac{5}{3}\times\frac{12}{5}\times\frac{3}{1}=\frac{\overset{1}{\cancel{5}}\times 12\times\overset{1}{\cancel{3}}}{\underset{1}{\cancel{3}}\times\underset{1}{\cancel{5}}\times 1}=\frac{12}{1}=12$

答え 12 m³

P.65

分数×分数（13）

月　日　名前

● 計算のきまりを使って，くふうして計算しましょう。

① $\frac{3}{5}\times\frac{2}{9}+\frac{3}{5}$ 4 3 (2 4)

$=\frac{3}{5}\times\frac{6}{9}$

$=\frac{\overset{1}{\cancel{3}}\times\overset{2}{\cancel{6}}}{5\times\underset{3\ 1}{\cancel{9}}}$

$=\frac{2}{5}$

② $\left(\frac{7}{8}+\frac{5}{6}\right)\times 24=\frac{7}{8}\times 24+\frac{5}{6}\times 24$

$=21+20$

$=41$

③ $\left(\frac{4}{5}\times\frac{7}{10}\right)\times\frac{5}{7}=\frac{4}{5}\times\left(\frac{7}{10}\times\frac{5}{7}\right)$

$=\frac{4}{5}\times\frac{1}{2}$

$=\frac{\overset{2}{\cancel{4}}\times 1}{5\times\underset{1}{\cancel{2}}}$

$=\frac{2}{5}$

P.66

分数×分数（14）

月　日　名前

● $\frac{5}{7}$と$\frac{7}{5}$のように，積が１になる２つの数の組み合わせを見つけて，線で結びましょう。

$\frac{5}{7}\times\frac{7}{5}=1$

6は，$\frac{6}{1}$のことだね。

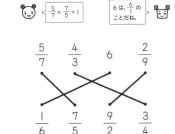

$\frac{5}{7}$　$\frac{4}{3}$　6　$\frac{2}{9}$

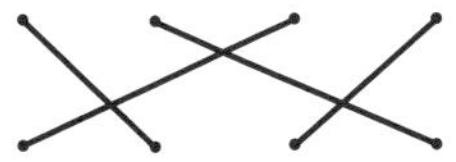

$\frac{1}{6}$　$\frac{7}{5}$　$\frac{9}{2}$　$\frac{3}{4}$

$\frac{5}{7}$と$\frac{7}{5}$のように，２つの数の積が１になるとき，一方の数を他方の数の 逆数 といいます。

● 次の数の逆数を求めましょう。

真分数や仮分数の逆数は，分母と分子を入れかえた分数になります。

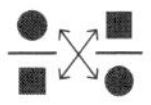

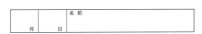

① $\frac{4}{9}$　$\frac{9}{4}$

② $\frac{8}{3}$　$\frac{3}{8}$

③ 10　$\frac{1}{10}$　（$10=\frac{10}{1}$）

④ $\frac{1}{4}$　4　整数　（$\frac{1}{4}$ ⤫ $\frac{4}{1}$）

⑤ 0.7　$\frac{10}{7}$　（$0.7=\frac{7}{10}$）

P.67

分数÷分数（1）

月　日　名前

$\frac{1}{2}$dLで，かべを$\frac{3}{5}$m²ぬれるペンキがあります。
このペンキ１dLでは，かべを何m²ぬれますか。

① 式を書きましょう。

$\frac{3}{5}\div\frac{1}{2}$

整数で考えてみよう。
2dLで 4m² ぬれるペンキが
1dLでぬれる面積は，
4 ÷ 2 = 2
(m²) (dL) (m²)
で求められるね。

② １dLでぬれる面積に色をぬりましょう。

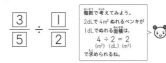

$\frac{1}{2}$dLでぬれる面積

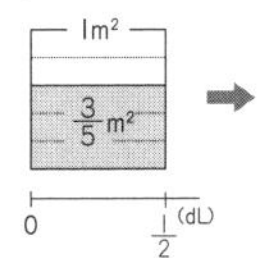

１dLでぬれる面積

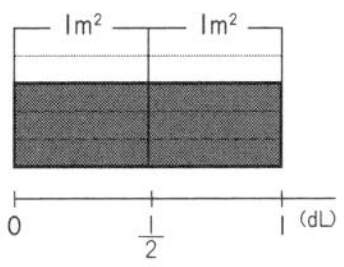

１dLでぬれる面積は

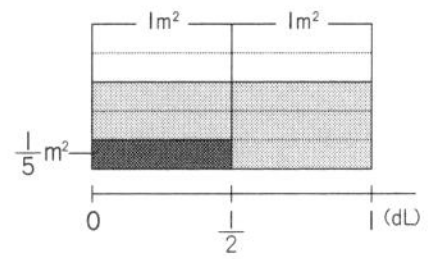

$\frac{3}{5}$m²の２倍

$\frac{1}{5}$m²が(3×2)個

③ 計算をしましょう。（答えは仮分数のままでよい）

式 $\frac{3}{5}\div\frac{1}{2}=\frac{3}{5}\times\frac{2}{1}$

$=\frac{3\times 2}{5\times 1}$

$=\frac{6}{5}$

答え $\frac{6}{5}$ m²

P.68

分数÷分数 (2)

月　日　名前

$\frac{2}{3}$ dLで，かべを $\frac{3}{4}$ m² ぬれるペンキがあります。このペンキ1dLでは，かべを何m² ぬれますか。

① 式を書きましょう。

$$\frac{3}{4} \div \frac{2}{3}$$

② 1dLでぬれる面積に色をぬりましょう。

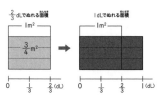

$\frac{2}{3}$dLでぬれる面積　1m²　$\frac{3}{4}$ m²　→　1dLでぬれる面積　1m²

$\frac{1}{4 \times 2}$ m²　$\frac{1}{4 \times 2}$ m²が（3×3）個　たて　横

③ 計算をしましょう。（答えは仮分数のままでよい）

$$式 \quad \frac{3}{4} \div \frac{2}{3} = \frac{3 \times 3}{4 \times 2}$$
$$= \frac{9}{8}$$

答え $\frac{9}{8}$ m²

分数を分数でわる計算では，わる数の逆数をかけます。

$$\frac{●}{■} \div \frac{★}{▲} = \frac{●}{■} \times \frac{▲}{★}$$

68

P.69

分数÷分数 (3) 約分なし

月　日　名前

● 計算をしましょう。（答えは仮分数のままでよい）

① $\frac{2}{7} \div \frac{3}{5} = \frac{2}{7} \times \frac{5}{3}$
$= \frac{2 \times 5}{7 \times 3}$
$= \frac{10}{21}$

分数÷分数では わる数の逆数を かけるとよかったね。

② $\frac{1}{4} \div \frac{5}{3} = \frac{1}{4} \times \frac{3}{5}$
$= \frac{1 \times 3}{4 \times 5}$
$= \frac{3}{20}$

③ $\frac{4}{9} \div \frac{1}{7} = \frac{4}{9} \times \frac{7}{1}$
$= \frac{4 \times 7}{9 \times 1}$
$= \frac{28}{9}$

$\frac{1}{7}$の逆数は $\frac{7}{1}=7$ だね。

④ $\frac{3}{8} \div \frac{2}{5} = \frac{3}{8} \times \frac{5}{2}$
$= \frac{3 \times 5}{8 \times 2}$
$= \frac{15}{16}$

69

P.70

分数÷分数 (4) 約分あり（1組）

月　日　名前

● 計算をしましょう。（答えは仮分数のままでよい）

① $\frac{2}{3} \div \frac{4}{5} = \frac{2}{3} \times \frac{5}{4}$
$= \frac{\overset{1}{2} \times 5}{3 \times \underset{2}{4}}$
$= \frac{5}{6}$

$\frac{2 \times 5}{3 \times 4}$ の2と4が 約分できるね。

② $\frac{2}{9} \div \frac{5}{6} = \frac{2}{9} \times \frac{6}{5}$
$= \frac{2 \times \overset{2}{6}}{\underset{3}{9} \times 5}$
$= \frac{4}{15}$

$\frac{2 \times 6}{9 \times 5}$ の6と9が 約分できるね。

③ $\frac{1}{10} \div \frac{5}{8} = \frac{1}{10} \times \frac{8}{5}$ ←逆数をかける
$= \frac{1 \times \overset{4}{8}}{\underset{5}{10} \times 5}$ ←約分
$= \frac{4}{25}$

④ $\frac{7}{4} \div \frac{1}{12} = \frac{7}{4} \times \frac{12}{1}$
$= \frac{7 \times \overset{3}{12}}{\underset{1}{4} \times 1}$
$= \frac{21}{1} = 21$ ←整数

逆数をかける $\frac{1}{12}$ の逆数は $\frac{12}{1}=12$

70

P.71

分数÷分数 (5) 約分あり（2組）

月　日　名前

● 計算をしましょう。（答えは仮分数のままでよい）

① $\frac{4}{9} \div \frac{2}{3} = \frac{4}{9} \times \frac{3}{2}$
$= \frac{\overset{2}{4} \times \overset{1}{3}}{\underset{3}{9} \times \underset{1}{2}}$
$= \frac{2}{3}$

$\frac{4 \times 3}{9 \times 2}$ 4と2，3と9が それぞれ 約分できるね。

② $\frac{3}{8} \div \frac{9}{8} = \frac{3}{8} \times \frac{8}{9}$
$= \frac{\overset{1}{3} \times \overset{1}{8}}{\underset{1}{8} \times \underset{3}{9}}$
$= \frac{1}{3}$

$\frac{3 \times 8}{8 \times 9}$ 3と9，8と8 が約分できるね。

③ $\frac{7}{12} \div \frac{7}{15} = \frac{7}{12} \times \frac{15}{7}$ ←逆数をかける
$= \frac{\overset{1}{7} \times \overset{5}{15}}{\underset{4}{12} \times \underset{1}{7}}$ ←約分
$= \frac{5}{4}$

④ $\frac{9}{4} \div \frac{3}{16} = \frac{9}{4} \times \frac{16}{3}$ ←逆数をかける
$= \frac{\overset{3}{9} \times \overset{4}{16}}{\underset{1}{4} \times \underset{1}{3}}$ ←約分
$= \frac{12}{1} = 12$ ←整数

71

P.72

分数÷分数 （6）　　約分あり（1組・2組）

名前　月　日

● 計算をしましょう。（答えは仮分数のままでよい）

① $\dfrac{4}{15} \div \dfrac{2}{5} = \dfrac{4}{15} \times \dfrac{5}{2}$

$= \dfrac{4 \times 5}{15 \times 2}$　（4×5）（15×2）ななめ向かいの数を見て，約分できるかたしかめよう。

$= \dfrac{2}{3}$

② $\dfrac{3}{7} \div \dfrac{5}{14} = \dfrac{3}{7} \times \dfrac{14}{5}$　←逆数をかける

$= \dfrac{3 \times 14^{2}}{7 \times 5}$　←約分

$= \dfrac{6}{5}$

③ $\dfrac{10}{3} \div \dfrac{1}{3} = \dfrac{10}{3} \times \dfrac{3}{1}$　←逆数をかける

$= \dfrac{10 \times 3}{3 \times 1}$　←約分

$= \dfrac{10}{1} = 10$　←整数

④ $\dfrac{9}{10} \div \dfrac{6}{5} = \dfrac{9}{10} \times \dfrac{5}{6}$　←逆数をかける

$= \dfrac{9 \times 5}{10 \times 6}$　←約分

$= \dfrac{3}{4}$

72

P.73

分数÷分数 （7）　　帯分数のわり算

名前　月　日

● 計算をしましょう。（答えは仮分数のままでよい）

① $2\dfrac{1}{2} \div \dfrac{2}{3} = \dfrac{5}{2} \div \dfrac{2}{3}$　←仮分数になおす

$= \dfrac{5}{2} \times \dfrac{3}{2}$　←逆数をかける

$= \dfrac{5 \times 3}{2 \times 2}$

$= \dfrac{15}{4}$

② $\dfrac{3}{10} \div 1\dfrac{4}{5} = \dfrac{3}{10} \div \dfrac{9}{5}$　←仮分数になおす

$= \dfrac{3}{10} \times \dfrac{5}{9}$　←逆数をかける

$= \dfrac{3 \times 5}{10 \times 9}$　←約分

$= \dfrac{1}{6}$

73

P.74

分数÷分数 （8）　　帯分数のわり算

名前　月　日

● 計算をしましょう。（答えは仮分数のままでよい）

① $1\dfrac{2}{3} \div 1\dfrac{1}{9} = \dfrac{5}{3} \div \dfrac{10}{9}$　←仮分数になおす

$= \dfrac{5}{3} \times \dfrac{9}{10}$　←逆数をかける

$= \dfrac{5 \times 9}{3 \times 10}$　←約分

$= \dfrac{3}{2}$

② $1\dfrac{4}{5} \div 2\dfrac{7}{10} = \dfrac{9}{5} \div \dfrac{27}{10}$　←仮分数になおす

$= \dfrac{9}{5} \times \dfrac{10}{27}$　←逆数をかける

$= \dfrac{9 \times 10}{5 \times 27}$　←約分

$= \dfrac{2}{3}$

74

P.75

分数÷分数 （9）　　整数÷分数

名前　月　日

● $4 \div \dfrac{7}{3}$ を計算しましょう。（答えは仮分数のままでよい）

㋐ $4 \div \dfrac{7}{3} = \dfrac{4}{1} \times \dfrac{3}{7}$

4は，$\dfrac{4}{1}$ だね。

$= \dfrac{4 \times 3}{1 \times 7}$

$= \dfrac{12}{7}$

㋑ $4 \div \dfrac{7}{3} = 4 \times \dfrac{3}{7}$

㋐，㋑どちらでも計算できるね。

$= \dfrac{4 \times 3}{7}$

$= \dfrac{12}{7}$

● 計算をしましょう。（答えは仮分数のままでよい）

① $3 \div \dfrac{6}{7} = 3 \times \dfrac{7}{6}$

$= \dfrac{3 \times 7}{6_{2}}$

$= \dfrac{7}{2}$

② $8 \div \dfrac{1}{5} = 8 \times \dfrac{5}{1}$

$= \dfrac{8 \times 5}{1}$

$8 \div \dfrac{1}{5}$
$= 8 \times \dfrac{5}{1}$

$= 40$

③ $9 \div \dfrac{3}{4} = 9 \times \dfrac{4}{3}$

$= \dfrac{3\cancel{9} \times 4}{\cancel{3}_{1}}$

$= 12$

　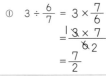

75

107

P.76

分数÷分数 (10)

	月	日	名前

● 計算をしましょう。(答えは仮分数のままよい)

① $\frac{5}{9} \div \frac{2}{3} \div \frac{1}{7} = \frac{5}{9} \times \frac{3}{2} \times \frac{7}{1}$ ←逆数をかける

$= \frac{5 \times \boxed{3} \times 7}{\boxed{9} \times 2 \times 1}$ ←約分

$\boxed{3}$

$= \boxed{\frac{35}{6}}$

③ $\frac{1}{6} \div 8 \div \frac{7}{6} = \frac{1}{6} \times \frac{\boxed{1}}{\boxed{8}} \times \frac{\boxed{6}}{\boxed{7}}$ ←逆数をかける

$= \frac{\boxed{1} \times \boxed{1} \times \boxed{6}}{\boxed{6} \times \boxed{8} \times \boxed{7}}$ ←約分

$= \boxed{\frac{1}{56}}$

8の逆数は$\frac{1}{8}$だね。

② $\frac{3}{4} \div \frac{7}{8} \div \frac{5}{6} = \frac{3}{4} \times \frac{\boxed{8}}{\boxed{7}} \times \frac{\boxed{6}}{\boxed{5}}$ ←逆数をかける

$= \frac{3 \times \boxed{8} \times \boxed{6}}{\boxed{4} \times 7 \times 5}$ ←約分

$= \boxed{\frac{36}{35}}$

まだ約分できないかよくたしかめよう。

④ $1\frac{2}{7} \div \frac{3}{5} \div 9 = \frac{9}{7} \times \frac{\boxed{5}}{\boxed{3}} \times \frac{\boxed{1}}{\boxed{9}}$ ←逆数をかける

$= \frac{\boxed{9} \times 5 \times \boxed{1}}{7 \times \boxed{3} \times \boxed{9}}$ ←約分

$= \boxed{\frac{5}{21}}$

帯分数は仮分数になおして計算しよう。

76

P.77

分数÷分数 (11)

	月	日	名前

● 次の ⑦〜⑨ の商が，わられる数8より大きくなるか，小さくなるかを調べましょう。

1より小さい分数
⑦ $8 \div \frac{4}{5} = \boxed{10}$ (8より (大きい)・小さい)
どちらかに○をしよう

1より大きい分数
④ $8 \div \frac{4}{3} = \boxed{6}$ (8より 大きい・(小さい))

1より大きい分数
⑨ $8 \div 2\frac{2}{3} = \boxed{3}$ (8より 大きい・(小さい))

● 次の ⑦〜⑨ の商について，あてはまる記号を □ に書きましょう。

商が わられる数12より大きくなるもの → ○
商が わられる数12より小さくなるもの → △

計算をしなくても答えられるかな。

⑦ $12 \div \frac{3}{5} = \boxed{○}$

④ $12 \div \frac{3}{2} = \boxed{△}$

⑨ $12 \div 1\frac{1}{5} = \boxed{△}$

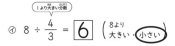

77

P.78

分数のかけ算・わり算 (1)

	月	日	名前

● 計算をしましょう。(答えは仮分数のままよい)

① $\frac{3}{10} \times 7 \div \frac{6}{5} = \frac{3}{10} \times \frac{\boxed{7}}{\boxed{1}} \times \frac{\boxed{5}}{\boxed{6}}$ ←逆数をかける

$= \frac{\boxed{3} \times \boxed{7} \times \boxed{5}}{\boxed{10} \times \boxed{1} \times \boxed{6}}$ ←約分

$= \boxed{\frac{7}{4}}$

② $\frac{9}{8} \div \frac{3}{2} \times 3 = \frac{9}{8} \times \frac{\boxed{2}}{\boxed{3}} \times 3$ ←逆数をかける

$= \frac{\boxed{9} \times \boxed{2} \times \boxed{3}}{\boxed{8} \times \boxed{3} \times \boxed{1}}$ ←約分

$= \boxed{\frac{9}{4}}$

③ $\frac{4}{3} \div \frac{6}{5} \times \frac{9}{10} = \frac{4}{3} \times \frac{5}{6} \times \frac{9}{10}$

約分略 $= \frac{4 \times 5 \times 9}{3 \times 6 \times 10}$ ←約分

$= \boxed{1}$

答えが1になる計算だよ。約分して答えが1になるかやってみよう。

78

P.79

分数のかけ算・わり算 (2) 文章題

	月	日	名前

● 1mが250円のリボンがあります。このリボンを $\frac{4}{5}$ m 買います。代金はいくらになりますか。

250円を1とみたときに，$\frac{4}{5}$にあたる金額はいくらかな。

式 $$250 \times \frac{4}{5} = 200$$

答え $\boxed{200円}$

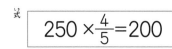

● ペンキ1dLで，$\frac{5}{9}$ m² のへいをぬることができます。このペンキ $2\frac{1}{4}$ dL では，何m²のへいをぬることができますか。(答えは仮分数のままよい)

$\frac{5}{9}$m²の$2\frac{1}{4}$倍が □m²だね。

式 $$\frac{5}{9} \times 2\frac{1}{4} = \frac{5}{4}$$

答え $\boxed{\frac{5}{4}\ \text{m}^2}$

79

P.80

分数のかけ算・わり算（3）　文章題

名前　月　日

● $2\frac{1}{2}$ a の田から，80kg のお米がとれました。
1a あたり何kg のお米がとれたことになりますか。

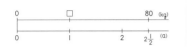

かけ算の式で表すと，□ × $2\frac{1}{2}$ = 80
□はわり算で求められるね。

式
$$80 ÷ 2\frac{1}{2} = 32$$

答え　32kg

● $1\frac{2}{3}$ m のホースの重さをはかると $\frac{5}{7}$ kg でした。
このホース1m の重さは何kg ですか。

かけ算の式で表すと，□ × $1\frac{2}{3}$ = $\frac{5}{7}$

式
$$\frac{5}{7} ÷ 1\frac{2}{3} = \frac{3}{7}$$

答え　$\frac{3}{7}$ kg

80

P.81

分数のかけ算・わり算（4）　文章題

名前　月　日

● ペンキ1dL で $\frac{7}{8}$ m² のかべをぬることができます。
$1\frac{1}{2}$ m² のかべをぬるには，何dL のペンキがいりますか。（答えは仮分数のままでよい）

かけ算の式で表すと，$\frac{7}{8}$ × □ = $1\frac{1}{2}$
□はわり算で求められるね。

式
$$1\frac{1}{2} ÷ \frac{7}{8} = \frac{12}{7}$$

答え　$\frac{12}{7}$ dL

● ジュースが $3\frac{3}{4}$ L あります。
1本のびんに $\frac{3}{8}$ L ずつ分けて入れます。
何本に分けることができますか。

ジュース8L を2L ずつ分けると…，のように整数で考えてみてもいいね。

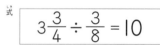

式
$$3\frac{3}{4} ÷ \frac{3}{8} = 10$$

答え　10本

81

P.82

分数・小数・整数のまじった計算（1）

名前　月　日

● $0.3 × \frac{4}{5}$ の計算をしましょう。

分数か小数どちらかにそろえて計算しよう。

㋐　0.3 を分数で表す

$$0.3 = \frac{3}{10}$$

計算しよう

$$0.3 × \frac{4}{5} = \frac{3}{10} × \frac{4}{5}$$

$$= \frac{3 × \overset{2}{\cancel{4}}}{\underset{5}{\cancel{10}} × 5}$$
$$= \frac{6}{25}$$

㋑　$\frac{4}{5}$ を小数で表す

$\frac{●}{■} = ● ÷ ■$ だったね。

$$\frac{4}{5} = 4 ÷ 5$$
$$= 0.8$$

計算しよう

$$0.3 × \frac{4}{5} = 0.3 × 0.8$$
$$= 0.24$$

82

P.83

分数・小数・整数のまじった計算（2）

名前　月　日

● 分数にそろえて計算しましょう。

① $1.5 ÷ \frac{3}{7} = \frac{15}{10} ÷ \frac{3}{7}$

$1.5 = \frac{15}{10}$

$$= \frac{15}{10} × \frac{7}{3}$$
$$= \frac{15 × 7}{10 × 3}　約分略$$
$$= \frac{7}{2}$$

$\frac{3}{7}$ を小数にすると，3 ÷ 7 = 0.4285…でわり切れない。
小数は，どんな小数でも分数に表せるよ。

② $\frac{8}{9} × 0.75 = \frac{8}{9} × \frac{75}{100}$

$0.75 = \frac{75}{100}$

$$= \frac{8 × 75}{9 × 100}　約分略$$
$$= \frac{2}{3}$$

③ $\frac{3}{5} ÷ 0.4 = \frac{3}{5} ÷ \frac{4}{10}$

$0.4 = \frac{4}{10}$

$$= \frac{3}{5} × \frac{10}{4}　約分略$$
$$= \frac{3 × 10}{5 × 4} = \frac{3}{2}$$

83

P.84

分数・小数・整数のまじった計算 (3)

名前　月　日

● 分数にそろえて計算しましょう。

① $\dfrac{5}{6} \times 10 \times 1.8 = \dfrac{5}{6} \times \dfrac{10}{1} \times \dfrac{18}{10}$

約分略

$= \dfrac{5 \times 10 \times 18}{6 \times 1 \times 10}$

分数で表そう

$10 = \dfrac{10}{1}$

$1.8 = \dfrac{18}{10}$

$= \dfrac{15}{1}$

$= 15$

② $0.6 \div \dfrac{7}{5} \div 3 = \dfrac{6}{10} \div \dfrac{7}{5} \div \dfrac{3}{1}$

$= \dfrac{6}{10} \times \dfrac{5}{7} \times \dfrac{1}{3}$

分数で表そう

$0.6 = \dfrac{6}{10}$

$3 = \dfrac{3}{1}$

$= \dfrac{6 \times 5 \times 1}{10 \times 7 \times 3}$　約分略

$= \dfrac{1}{7}$

84

P.85

分数倍 (1)

名前　月　日

● 白のリボンは $\dfrac{2}{3}$ m です。赤のリボンは $\dfrac{5}{3}$ m です。赤のリボンの長さは，白のリボンの何倍ですか。
（答えは仮分数のままでよい）

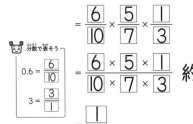

白のリボンの長さを1とみるよ。
白 の □倍が 赤
$\dfrac{2}{3} \times □ = \dfrac{5}{3}$

0 ─ 白$\dfrac{2}{3}$ ─ 赤$\dfrac{5}{3}$ (m)

0 ─ 1 ─ □ (倍)

式 $\dfrac{5}{3} \div \dfrac{2}{3} = \dfrac{5}{2}$

答え $\dfrac{5}{2}$ 倍

● 青のリボンは $\dfrac{7}{5}$ m です。緑のリボンは $\dfrac{2}{5}$ m です。緑のリボンの長さは，青のリボンの何倍ですか。
（答えは仮分数のままでよい）

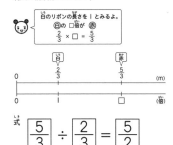

青のリボンの長さを1とみるよ。
青 の □倍が 緑
$\dfrac{7}{5} \times □ = \dfrac{2}{5}$

0 ─ 緑$\dfrac{2}{5}$ ─ 青$\dfrac{7}{5}$ (m)

0 ─ □ ─ 1 (倍)

式 $\dfrac{2}{5} \div \dfrac{7}{5} = \dfrac{2}{7}$

答え $\dfrac{2}{7}$ 倍

85

P.86

分数倍 (2)

名前　月　日

● 2ひきのねこの体重を比べましょう。

 まる 5$\dfrac{3}{5}$kg　むぎ 3$\dfrac{1}{2}$kg

① まるの体重は，むぎの体重の何倍ですか。

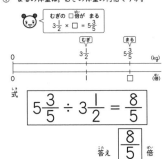

むぎ の □倍が まる
3$\dfrac{1}{2}$ × □ = 5$\dfrac{3}{5}$

0 ─ むぎ3$\dfrac{1}{2}$ ─ まる5$\dfrac{3}{5}$ (kg)

0 ─ 1 ─ □ (倍)

式 $5\dfrac{3}{5} \div 3\dfrac{1}{2} = \dfrac{8}{5}$

答え $\dfrac{8}{5}$ 倍

② むぎの体重は，まるの体重の何倍ですか。

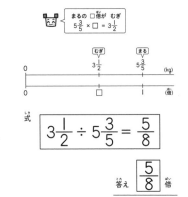

まるの □倍が むぎ
5$\dfrac{3}{5}$ × □ = 3$\dfrac{1}{2}$

0 ─ むぎ3$\dfrac{1}{2}$ ─ まる5$\dfrac{3}{5}$ (kg)

0 ─ □ ─ 1 (倍)

式 $3\dfrac{1}{2} \div 5\dfrac{3}{5} = \dfrac{5}{8}$

答え $\dfrac{5}{8}$ 倍

86

P.87

分数倍 (3)

名前　月　日

● 次の答えを求めましょう。（答えは仮分数のままでよい）

① $\dfrac{4}{7}$ L を1とみると，$\dfrac{8}{9}$ L はいくつにあたりますか。

 $\dfrac{4}{7}$Lの □倍が $\dfrac{8}{9}$L

式 $\dfrac{8}{9} \div \dfrac{4}{7} = \dfrac{14}{9}$

答え $\dfrac{14}{9}$

② $\dfrac{3}{8}$ cm を1とみると，$\dfrac{3}{4}$ cm はいくつにあたりますか。

 $\dfrac{3}{8}$cmの □倍が $\dfrac{3}{4}$cm

式 $\dfrac{3}{4} \div \dfrac{3}{8} = 2$

答え 2

● たいちさんの畑全体の面積は 2ha です。このうち，$\dfrac{4}{3}$ha を耕しました。畑全体の面積を1としたとき，耕した面積はどれだけにあたりますか。

全体の面積の □倍が 耕した面積
2 × □ = $\dfrac{4}{3}$

0 ─ 耕した$\dfrac{4}{3}$ ─ 全体2 (ha)

0 ─ $\dfrac{4}{3}$ ─ 1 (倍)

式 $\dfrac{4}{3} \div 2 = \dfrac{2}{3}$

答え $\dfrac{2}{3}$

87

P.88

分数倍（4）

名前　月　日

● プリンの値段は 450 円です。
ロールケーキの値段は，プリンの $\frac{9}{5}$ 倍です。
ロールケーキの値段は何円ですか。

プリンの値段を1とみるよ。
プリンの $\frac{9}{5}$ 倍が ロールケーキ
$450 \times \frac{9}{5} = \square$

| プリン | ロールケーキ |

0　　450　　□　（円）

0　　1　　$\frac{9}{5}$　（倍）

式

$$450 \times \frac{9}{5} = 810$$

答え　810 円

● いちごケーキの値段は 600 円です。
シュークリームの値段は，いちごケーキの $\frac{3}{5}$ 倍です。
シュークリームの値段は何円ですか。

いちごケーキの $\frac{3}{5}$ 倍が シュークリーム
$600 \times \frac{3}{5} = \square$

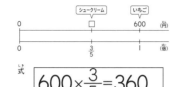

| シュークリーム | いちご |

0　　□　　600　（円）

0　　$\frac{3}{5}$　　1　（倍）

式

$$600 \times \frac{3}{5} = 360$$

答え　360 円

88

P.89

分数倍（5）

名前　月　日

● ゆうきさんは，お茶を $\frac{1}{4}$ L 飲みました。
これは，はじめにあった量の $\frac{1}{3}$ にあたります。
はじめにあったお茶は 何 L ですか。

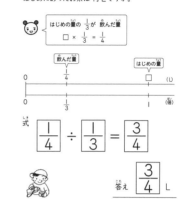

はじめの量の $\frac{1}{3}$ が 飲んだ量
$\square \times \frac{1}{3} = \frac{1}{4}$

| 飲んだ量 | はじめの量 |

0　　$\frac{1}{4}$　　□　（L）

0　　$\frac{1}{3}$　　1　（倍）

式

$$\frac{1}{4} \div \frac{1}{3} = \frac{3}{4}$$

答え　$\frac{3}{4}$ L

● 6年1組で，犬が好きな人は 16 人です。
これは，クラス全体の人数の $\frac{4}{7}$ にあたります。
クラス全体の人数は何人ですか。

クラス全体の $\frac{4}{7}$ が 犬が好きな人数
$\square \times \frac{4}{7} = 16$

| 犬が好きな人数 | クラス全体の人数 |

0　　16　　□　（人）

0　　$\frac{4}{7}$　　1　（倍）

式

$$16 \div \frac{4}{7} = 28$$

答え　28 人

89

喜楽研の支援教育シリーズ

ゆっくり ていねいに 学べる

算数教科書支援ワーク　6-①

2023 年 3 月 1 日　　第 1 刷発行

イ ラ ス ト： 山口 亜耶 他
表紙イラスト： 鹿川 美佳
表紙デザイン： エガオデザイン
企 画 ・ 編 著： 原田 善造・あおい えむ・今井 はじめ・さくら りこ
　　　　　　　 中田 こういち・なむら じゅん・ほしの ひかり・堀越 じゅん
　　　　　　　 みやま りょう（他 4 名）
編 集 担 当： 桂　真紀

発 行 者： 岸本 なおこ
発 行 所： 喜楽研（わかる喜び学ぶ楽しさを創造する教育研究所：略称）
　　　　　 〒604-0827　京都府京都市中京区高倉通二条下ル瓦町 543-1
　　　　　 TEL　075-213-7701　FAX　075-213-7706
　　　　　 HP　https://www.kirakuken.co.jp
印　　　刷： 創栄図書印刷株式会社

ISBN:978-4-86277-407-1

Printed in Japan

喜楽研 WEB サイト
書籍の最新情報（正誤表含む）は
喜楽研 WEB サイトをご覧下さい。

学校現場では，本書ワークシートをコピー・印刷して児童に配布できます。
学習する児童の実態にあわせて，拡大してお使い下さい。